from
vision

from 98

我的人生簡史
My Brief History

作者：Stephen Hawking
譯者：郭兆林・周念縈
責任編輯：湯皓全
美術編輯：顏一立
校對：呂佳真

法律顧問：全理法律事務所董安丹律師
出版者：大塊文化出版股份有限公司
台北市105南京東路四段25號11樓
www.locuspublishing.com
讀者服務專線：**0800-006689**
TEL：(02) 87123898　FAX：(02) 87123897
郵撥帳號：18955675　戶名：大塊文化出版股份有限公司

總經銷：大和書報圖書股份有限公司
地址：新北市新莊區五工五路2號
TEL：(02) 89902588 （代表號）　　FAX：(02) 22901658
製版：瑞豐實業股份有限公司
初版一刷：2014年2月

定價：新台幣300 元
Printed in Taiwan

My Brief History

我的人生簡史

史蒂芬·霍金 Stephen Hawking

郭兆林·周念縈　譯

Contents
目次

謹以本書獻給威廉、喬治，以及羅絲。

1
Childhood
童年

　　我的父親法蘭克，出身約克夏佃農家庭。曾祖父約翰原本是富裕的農民，但因為購入太多田地，導致在二十世紀初農業蕭條期間破產，他的兒子羅伯特（我的祖父）設法援助，但是自己也破產了。幸好羅伯特的太太在鎮橋（Boroughbridge）擁有一棟房產，經營一家學校，帶來微薄的收入，讓他們有辦法將兒子送到牛津大學攻讀醫學。

　　我的父親贏得不少獎金與獎勵，讓他能夠寄錢回去給父母。後來，他從事熱帶醫藥的研究，一九三七年旅行到東非做田野考察。二次世界大戰開打後，他橫跨非洲大陸，順著剛果河搭上一艘船回英國。雖然他自願從軍，然而承辦人對他說，繼續從事醫學研究會更有價值。

　　我的母親出生在蘇格蘭鄧弗姆林（Dunfermline），她父親是一名家庭醫生，她在八個子女中排行老三，大姐患有唐氏症，搬去與照顧者同住，直到十三歲過世。我母親十二歲的時候，舉家南遷到德文郡。和我父親的家庭一樣，母親的家境也不寬裕，但還是想辦法送她去念牛津大學。大學畢業後，她嘗試過各種工作，包括稅捐稽核員，但是她不喜歡，就放棄了這份工作，改當祕書，結果在戰爭初期遇見了我父親。

　　我生於一九四二年一月八日，是伽利略逝世後整整三百年。不過，我估計過大約有二十萬名嬰兒在這天出生，不知道有沒有其他人也對天文學產生興趣。

　　雖然父母當時住在倫敦，但是我是在牛津出生的。這是因為在二次大戰期間，英國和德國之間有一項協

議，德國人不會轟炸牛津和劍橋，交換條件是英國也不會轟炸海德堡和哥廷根。遺憾的是，這個文明的安排無法擴及更多的城市。

我們住在倫敦北區的海格特（Highgate），十八個月後妹妹瑪麗（Mary）出生了，家人後來說我當時並不歡迎她的到來。因為年紀差距太小的緣故，童年時期我們兩人的關係一直很緊張，不過等到長大成人之後，這股緊張就煙消雲散了，我們也走向不同的道路，她成為一名醫生，讓父親非常高興。

二妹斐莉帕（Philippa）出生時，我快五歲了，比較懂事。我還記得滿心期待她的到來，這樣就有三個人可以一起玩遊戲了。她是非常認真敏銳的小孩，我總是尊重她的判斷和意見。許久之後，我們家才領養弟弟愛德華（Edward），當時我十四歲了，所以他幾乎沒有參與我的童年。愛德華跟我們三個小孩天差地遠，完全不愛念書或追求學問，也許對我們來說比較好。他是很麻煩的小孩，但是讓人忍不住喜歡他。二〇〇四年他過世了，死因可能永遠無法確定，最可能的解釋是他重新裝修房子時，因吸入使用的黏膠而中毒。

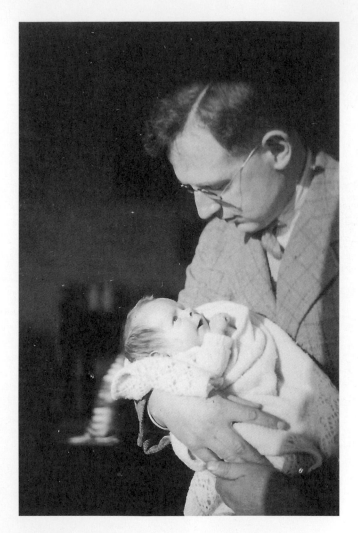

父親與我。

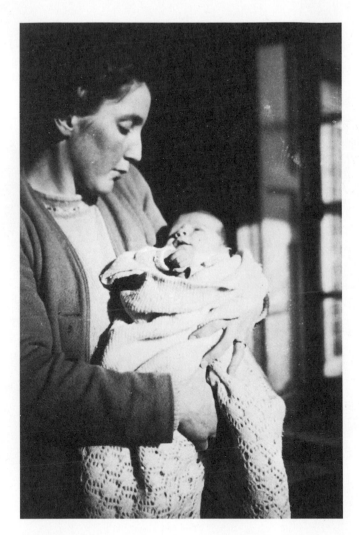

母親與我。

我、斐莉帕和瑪麗。

與妹妹們在海灘戲水。

　　我最早的記憶就是站在海格特的拜倫學園（Byron House）裡面，哭得唏哩嘩啦。身邊的小孩好像都在玩很棒的玩具，我想要加入他們，但是當時我才兩歲半，頭一次被留下來跟不認識的人在一起，我嚇壞了。我猜爸爸媽媽對我的反應很驚訝，因為我是第一個小孩，他們謹遵兒童發展教科書養育我，書上說小孩子兩歲時，就已準備好要建立人際關係了。但是在那個可怕的早上後，他們將我帶回家，過了一年半才再把我送去上學。

　　不論是戰爭期間或戰爭剛結束時，海格特都是許多科學家和學術界人士的聚居之地（在別的國家，這些人稱為「知識分子」，但是在英國從未承認有這種階層存在）。這些父母都將孩子送到拜倫學園，那時算是相當進步的學校。

　　我記得向父母抱怨學校沒有教我任何東西。拜倫學園的老師不相信當時流行的作法，將東西灌進小朋友的腦子裡，而是主張孩子應該在不知不覺中學會讀寫的技巧。雖然最終我還是學會了識字，但是卻已經快九歲了。我的妹妹斐莉帕就是以較傳統的方式學習閱讀，四歲時便能識字，那時候她可真的比我聰明多了。

　　我們住在一幢又高又窄的維多利亞式房子，父母

親在戰爭時以極為低廉的價格購入，那時大家都以為倫敦將被夷為平地。的確，一枚 V-2 飛彈就落在我們家隔幾棟房子外，當時我和媽媽、妹妹出門了，但是爸爸在房子裡。不幸中的大幸是他毫髮無傷，房子也未見太大損壞。但是接下來幾年，房子不遠處老是傍著一個大彈坑，我常常和朋友霍華德（Howard）在那裡玩，他們住在隔三棟房子遠的另外一邊。霍華德真教我大開眼界，因為他的父母並不像其他我認識小孩的父母一樣是知識分子。他上的是市立托兒所，不是拜倫學園，他懂得足球和拳擊等等運動，而我父母對這些東西一竅不通。

我另外一個早期的記憶是得到第一組玩具火車。戰爭期間並未製造販售玩具，至少不是針對家庭市場。但是我對模型火車著迷不已，爸爸試著幫我做了一輛木頭火車，但是我不滿足，因為想要會自己動的火車。所以，他弄到了一輛二手的發條火車，自己用烙鐵修理，然後在我快三歲時送給我當耶誕禮物。那部火車動得不是很好，不過戰爭結束後他馬上去了美國，後來搭乘瑪麗皇后號回來時，送給媽媽當時英國沒有的尼龍襪，妹妹瑪麗得到的是一個躺下來眼睛會閉上的洋娃娃，我拿到的

倫敦海格特住家的街道。

倫敦大轟炸時期的街景。

是一組美國製小火車，附有完整的柵欄和 8 字軌道，至今我還記得打開盒子時的雀躍。

發條火車必須轉動發條，這已經很不錯了，但是我真正想要的是電動小火車。我曾經花上幾小時看著海格特附近匡奇安區（Crouch End）的一家鐵道模型屋，甚至做夢都會夢到電動小火車。終於，當爸爸媽媽兩人都出門不在家的時候，我捉住機會趕到郵局儲蓄部將微薄的存款領出來，這是大家在特殊節日像是命名禮的時候，給我的紅包。我用這筆錢買了一組電動小火車，但令我灰心的是這組火車也有問題。我應該拿回去要求店家或工廠更換一套給我，但那時的風氣是認為買東西已是一種特權，倘若商品有瑕疵，只能自認運氣不好。所以我付錢請人修理電動馬達，但還是走得相當不順。

後來在十幾歲時，我便自己做模型飛機和船隻。我的雙手向來不靈巧，但是我和同學麥克納漢（John McClenahan）一起做，他比我強多了，而且他爸爸在家裡也設了個小工作室。我的目標始終都是做出會動的模型，讓我能夠控制。我不在乎看起來如何，我想正是這份相同的動力，讓我和另一名同學費尼豪（Roger Ferneyhough）發明一系列非常複雜的遊戲。其中有一

套生產線遊戲,不同的工廠製造不同的彩色積木,由鐵路和公路運送,還有一個股票交易市場。另一個是戰爭遊戲,在四千個小方格的板子上玩。甚至還有朝代遊戲,每個玩家代表一個王朝,各有一支系譜。我想這些遊戲,以及模型火車、船隻和飛機等,都是來自我內心想了解系統是如何運作與控制的渴望。自從開始念博士後,研究宇宙學讓我滿足。若是能理解宇宙運作之道,多少有種掌握一切的感覺。

我的小火車。

聖奧爾本斯住家。

2

St. Albans

聖奧爾本斯

　　一九五〇年我父親工作的地方從海格特附近的漢普斯特德（Hampstead），搬到穆勒丘（Mill Hill）新蓋的國立醫學研究院，位於倫敦最北端。父親不想從海格特出門上班，反倒覺得搬離倫敦，然後回到城裡上班比較有道理，於是我們在大教堂之城聖奧爾本斯（St. Albans）買了棟房子，在穆勒丘往北十哩遠，離倫敦市中心以北二十哩遠。這是維多利亞式的大房子，優雅有

個性。父母親買下房子時，手頭實在不寬裕，而且入住前還需要大幅修繕。於是，父親發揮約克夏人的本色，不願掏錢整修，而是自己盡力維持屋況並油漆一番了事。但是由於房子過大，他對這類事情又不在行，幸好房子本身相當堅固，熬過這等疏忽怠慢。後來，這棟房子在一九八五年賣掉了，當時我父親已經病重，一年後就離世了。最近我還看過那棟房子，似乎沒啥變動。

這棟房子是為有僕人的家庭設計，廚房有個指示燈板，顯示哪個房間拉鈴叫人。當然，我們沒有僕人，但是我的第一個房間是小小 L 型的房間，以前一定是女傭房。我在表姐莎拉的建議下，跟父母要了這個房間，莎拉年紀比我稍長，我非常崇拜她，她說我們在那裡一定很好玩。這個房間有一個特點，就是可以從窗戶爬到外面的腳踏車棚頂，接著就可以跳到地面。

莎拉是我大姨媽珍妮的女兒，珍妮曾接受醫生的訓練，後來嫁給了一位精神分析學家。他們家的房子與我們家很類似，就在離我們北邊五哩遠的哈彭登（Harpenden），這是我們搬到聖奧爾本斯的原因之一。對我來說，與莎拉住得近真是好事一樁，我經常跳上公車去哈彭登找她。

聖奧爾本斯臨近古羅馬城維魯拉米恩（Verulamium）的遺跡，是英國僅次於倫敦最重要的羅馬聚落。中世紀時它擁有全英國最富有的修道院，是圍繞聖奧爾本斯的聖龕而建，這位古羅馬百夫長據說是英國第一位因基督教信仰被處決的人。如今，修道院只剩下一座醜醜的大教堂以及古老的廊道建物，成為我後來就讀的聖奧爾本斯學校的一部分。相較於海格特或哈彭登，聖奧爾本斯算是有點平庸保守，我的父母幾乎沒有結交任何朋友，部分是他們自己的錯，因為他們非常孤僻，尤其是我父親。不過也反映出這裡住了與我們不同的人，因為聖奧爾本斯學校裡的學生父母沒人可稱得上是知識分子。

在海格特，我們家似乎相當正常，但是在聖奧爾本斯，我認為我們絕對稱得上是奇怪。父親的行徑更加強化了這種觀感，他完全不在乎穿著打扮，只要省錢就好。由於自小家境貧困，在他身上留下烙印，他無法忍受花錢讓自己過得舒適，縱使晚年有能力負擔時，依然不改作風。他不肯安裝中央暖氣系統，即便他覺得冷到不行。他變通的方法是穿好幾件毛衣在身上，然後在外面套上袍子，不過他對別人一向大方。

一九五〇年代時，他覺得我們負擔不起新車，所以

買了一輛戰前倫敦計程車。我們合力搭建了尼森式桶形
車棚，鄰居氣得半死，但是也莫可奈何。就像大多數的
孩子，父母親讓我尷尬，但他們毫不在意。

　　為了度假之便，父母買了一輛吉普賽大篷車，放
在歐斯明頓村（Osmington Mills）的田地上，就在南部
韋茅斯（Weymouth）海岸的附近。前任吉普賽車主將
大篷車精心彩妝，五顏六色看起來相當明亮，父親則將
大篷車全部改漆綠色，看起來比較不顯眼。原本內部有
一張雙人床給大人睡，底下則有一個櫃子讓小孩睡，但
是父親以軍用擔架改裝成上下鋪給孩子用，他們兩人
則睡在外面的軍用帳篷裡。我們在那裡消磨暑假直到
一九五八年，市議會終於設法將大篷車搬走了。

　　當我們第一次來到聖奧爾本斯時，我被送到一間
名為女子中學，實際上招收十歲以下男孩的學校。不
過我才念了一學期，父親就照往年慣例到非洲田野考
察，停留了有四個月之久。媽媽不想單獨留在家裡那
麼久，於是帶著三個小孩一起去找學生時代的朋友貝兒
（Beryl），她嫁給了詩人格雷夫斯（Robert Graves），
住在西班牙馬略卡島（Majorca）的德亞村（Deya）。

這時距二次大戰結束只有五年，曾經是希特勒和墨索里尼盟友的西班牙獨裁者佛朗哥仍在掌權（後來，他又繼續掌權了二十載）。儘管如此，我的母親（在戰爭之前曾加入共產黨青年團）仍然帶領我們三個小娃兒，搭乘火車和船隻來到馬略卡島。我們在德亞租了一間房子，在那裡度過美好的時光，我和格雷夫斯的兒子威廉（William）合請一名家教。

老師是格雷夫斯的門生，他當時正熱衷於為愛丁堡藝術節寫一齣戲，對教導我們讀書寫字興致缺缺。為了讓我們有事可做，他規定我們每天讀一章聖經，並撰寫心得感想，想要教我們領略英語文學之美。在我離開之前，我們讀完了創世記全部，還有一部分的出埃及記。我從這項習題當中學到的主要事情之一，是句子開頭不要用「And」（而且）。當我指出聖經中大部分句子的開頭都是「And」時，老師說自從詹姆士（James）國王欽定聖經英文譯本之後，英文已經改變了。我辯稱若是這樣，幹嘛叫我們讀聖經呢？

但是徒勞無功，主人格雷夫斯當時正熱衷於聖經裡的象徵主義和神祕主義，所以無人可以求救。

我們回家時，正逢英國節揭開序幕。這是工黨政府

吉普賽大篷車。

大篷車前的我和兩個妹妹。

在薩福克奧爾頓博德航行。

的主意,企圖重造一八五一年大展覽的成功,當時由艾伯特王子籌辦,算是現代第一次的世界博覽會。此次英國節緩解了戰爭前後撙節省約的氣氛,相當受到歡迎。展覽會在泰晤士河南岸舉行,教我大開眼界,不但有新式建築,也見識到新科學技術。不過此次展覽很短命,那年秋天保守黨贏得選舉後便關閉了。

十歲時,我參加「11+」考試。這是一項智力測驗,挑選出適合學術教育的孩子,再將其他大多數孩子送到普通中學。「11+」這套考試制度讓許多工人與中下階級的孩童能夠進入大學與覓得要職,但是許多人對於十一歲便一試定終身的作法傳出抨擊浪潮,尤其中產階級的父母發現子女因考試成績被分到與工人階級的小孩同校,更是不悅。一九七〇年代時,這套制度幾近廢除,改以推動普及教育。

一九五〇年代,英國教育相當階層化。不只學校分為學術與非學術性,就連學術性學校也還要再進一步劃分為 A、B、C 三段,這對被分為 A 段的學生很好,但是對 B 段學生很不好,對 C 段學生更是糟糕,讓學生備受挫折。根據 11+ 測驗的結果,我被分在聖奧爾本斯學校 A 段班,但是第一年後,所有排名二十名之後的

我們臨時的家：馬略卡島德亞。

我（左）與羅伯特・格雷夫斯的兒子威廉。

學生將會被編到 B 段班，對於學生的自信心造成重大打擊，有些人甚至從此一蹶不振。我第一次考試第二十四名，第二次考試第二十三名，第三次前進到第十八名，在學年結束前逃過了被打落到 B 段班的命運。

十三歲那一年，父親希望我試試看威斯敏斯特學校（Westminster School），這是一間英國主要的公眾學校（在美國稱為私立學校）。我說過，當時不同階層在教育上具有鴻溝，父親覺得這類學校培養的社交修養會為我帶來人生優勢。他相信由於自己缺乏風度禮儀和人脈關係，因而在工作上被能力更差的人超越；他有點自卑感，覺得別人沒有他好，只是因為出身正確再加上關係好，才會爬得比他高，於是不斷提醒我小心這種人。

由於家境不寬裕，我必須拿獎學金才能去念威斯敏斯特學校。不過，我因生病缺席獎學金考試，所以繼續留在聖奧爾本斯學校，我相信那裡的教育縱使沒有優於威斯敏斯特學校，至少也一樣好。我從來不認為自己缺乏社交風範有何阻礙，不過我也相信物理和醫學有點不同，物理與出身哪間學校或有無背景都沒有關係，重要的是你做了什麼。

　　我的成績從來沒有排行在班上前半段（我們班的同學都很聰明）。我的作業亂七八糟，字跡讓老師們一個頭兩個大。不過，同學封我「愛因斯坦」的綽號，我猜他們看出我的優點。十二歲時，有兩個朋友打賭一袋糖果，說我這輩子肯定成不了大事。我不清楚這份賭約是否已了結，如果是的話，究竟是哪方贏了呢？

　　我有六、七位好朋友，大都仍與我保持聯繫。我們天南地北無所不談，從無線電遙控模型吵到宗教，從超心理學談到物理學。我們說起宇宙起源，究竟需不需要上帝創造宇宙，以及讓宇宙運行？我聽說遠方星系發出的光線移向光譜紅色的那端，表示宇宙正在擴張當中（移向光譜藍端表示宇宙正在收縮）。但我當時堅信發生紅移一定有其他原因，因為永恆不變的宇宙才更自然，所以我瞎猜或許是光線累了，或者是往我們這邊行進時變得更紅罷了。一直到了念博士兩年後，我才明白自己錯了。

　　我的父親從事熱帶疾病的研究，他常帶我到穆勒丘的實驗室。我很喜歡那裡，尤其愛看顯微鏡。他還常帶

接近成年的我（右）。

父親研究熱帶醫學，出外做田野考察。

我進入昆蟲屋，他將感染熱帶疾病的蚊子關在那裡。這倒讓我很擔心，因為老是有幾隻逃脫的蚊子飛來飛去。父親工作非常認真，相當投入研究。

我對於事物運作之道總是非常感興趣，曾經將東西拆開研究裡面的細節，但不擅長將東西拼裝回去，因為我實作能力一向不及理論。父親鼓勵我對科學的興趣，甚至還指導我數學，直到我超出他力所能及的程度。在這種背景下，再加上父親的工作性質，我理所當然認為自己會從事科學研究。

在學校最後的兩年，我想專攻數學和物理。有一個數學老師塔塔先生（Tahta）極具啟發性，學校也剛蓋了一間新教室，給數學組學生使用。但是父親十分反對，認為數學家除了當老師之外，找不到其他工作。他非常想要我念醫學，但我對生物毫無興趣，因為生物學太知識性了，算不上是根本的科學研究。另外，生物系在校園裡的地位也很低，因為最聰明的孩子會去學數學和物理，比較不聰明的小孩才學生物。

父親知道我不想做生物研究，就叫我學化學和一些數學，認為這樣可以讓我的科學研究多些選擇。雖然如今我是一名數學教授，但是自從十七歲離開聖奧爾本斯

學校之後，我從沒有受過正規的數學教育，全靠自己邊
學邊用而來。過去我在劍橋大學為大學生上課時，都是
提早學生一個禮拜「學」進度。

在校時，物理總是最無聊的科目，因為太簡單明顯
了。相較而言，化學有趣多了，因為像爆炸等意外總是
不斷發生。不過，物理和天文學可望讓我們了解人類從
何而來又為何在此，我渴望參透宇宙的奧祕。或許，現
在的我獲得一點成功，但我想知道的仍是永無止境。

我（最左邊）在聖奧爾本斯學校。

從牛津畢業。

3

Oxford

牛津

　　父親非常期盼我去念牛津或劍橋。他自己念牛津大
學學院（University College），所以認為我應該申請該
校，因為進去的機會比較大。那時候，大學學院沒有數
學系，這也是他希望我選化學的另外一個理由，好讓我
能夠申請自然科學的獎學金，而非數學的獎學金。

　　家中其他成員全去了印度一年，而我必須留下來參
加 A 級測驗與大學入學考試，父親將我託給國立醫學

研究院的同事漢弗萊醫生（John Humphrey），住到他們位在穆勒丘的家裡。這棟房子有間地下室，裡面放著蒸汽引擎等模型，是由漢弗萊醫生的父親製作，我花了許多時間逗留其中。暑假時，我去印度與家人會合，他們在勒克瑙（Lucknow）租了一間屋子，屋主是北方邦（Uttar Pradesh）前首長，因貪污而搞得灰頭土臉。父親待在那裡時，不肯吃印度的食物，於是請了一位前英國駐印陸軍的火伕和雜工烹煮英國食物，老實說，我比較想吃更道地、有意思的東西啊！

我們還去了克什米爾，在斯利那加（Srinagar）湖上租用船屋。去的時候正值雨季，印度軍隊鋪設的山間道路有部分被沖毀（即穿越停火線到巴基斯坦的正常路線）。我們的車子購自英國，無法涉水超過三吋深，所以最後聘了一個錫克教卡車司機拖走了。

校長覺得我年紀太小，不適合考牛津，不過一九五九年三月，我和另外兩名高一屆的學長一同參加獎學金考試。後來輪到口試時，老師們出來和其他學生談話，但卻跳過了我，讓我深信自己筆試一定考得很糟糕，所以心情低落不已。沒想到回家後幾天，收到一封

電報，通知我拿到獎學金了。

　　進入牛津大學時我十七歲，大部分學生都服過兵役，年紀大多了。在大一和大二部分時間，我都覺得很孤單。所以大三時，為了多結交一些朋友，我加入划船社當舵手。不過，我的舵手生涯可謂災難一場，因為牛津的河道相當狹窄，船隻無法併排比賽，八人船必須排成一線才能通過河道狹小處，每個舵手握著起點線，與前面的船隻保持適當的距離。

　　第一場比賽時，開賽槍響，我放掉起點線，但不巧卡在舵線中，讓我們的船脫離航道而被取消資格。後來，我們又和另一艘船撞上了，不過至少這次不是我的錯，因為我們擁有優先權。總之，雖然我當舵手不太成功，但確實在那年交了更多朋友，也比較快樂了。

　　當時在牛津大學普遍的風氣是「不念書」。要不聰明絕頂不用念書，要不就接受自己的侷限，乖乖拿個D。若是認真念書提高成績，就會被貼上「遜咖」（gray man）的標籤，在牛津字典中是最糟糕的綽號了。

　　校方當時以「代理父母」自居，以管教學生的品德操行為己任。因此，學校都是男女分校，半夜大門會鎖住，所有訪客（尤其是異性）都必須離開。之後如果

在划船社當舵手。

划船社休息中。

划船社玩樂中。

想要出去，就得爬過上頭帶有尖刺的高牆。我們學校不想讓學生受傷，所以在尖刺之間留有縫隙，很容易爬出來。不過，若是被發現和異性上床，那問題可就大了，會當場被退學。

後來大多數學生年齡降到十八歲，再加上一九六〇年代的性革命，這一切有了改變，不過那已是我念完牛津之後的事情了。

在那段時期，物理課的安排正好可以不用念書。我入學前有一個考試，接著在牛津三年只有期末考而已。我曾經計算過，三年內我大概念了一千個小時的書，平均每天一小時。對於不念書這檔事，我並不引以為豪，不過那時候同學的態度大都如此。我們都感到非常無聊，沒有什麼值得努力。然而，生病改變了這一切。當你面對早死的可能時，會讓你意識到人生值得活著，想做的事情真是無限多。

因為缺乏準備，我打算期末考時選擇理論物理比較好過，不用回答知識性的問題。然而，考試前一晚我太緊張沒睡好，所以答得不好，成績介於 A 和 B 之間，必須由主考官面試來評定分數。面試審查時，他們問我

未來有何計畫，我回答說自己想做研究，若是給我打 A，我會去劍橋，若是只得 B，那我會留在牛津，結果他們給了我 A。

萬一我不能做研究，我還有一個 B 計畫，就是申請當公務員。因為我不喜歡核子武器，因此不想和國防部有任何牽扯，於是我列的優先志願是建築工程部（當時管理公共建築），或是下議院職員。面試的時候，很明顯的，我根本搞不清楚下議院職員的工作內容，但儘管如此，我仍然通過了面試，只剩下筆試而已。很不巧，我忘得一乾二淨，以致錯過了考試。公務員考選委員會寫了一封很客氣的信，說我明年可以再試一次，他們不會留下不良紀錄。幸運的是，我沒有變成公務員，否則以我的身體狀況，根本無法應付。

畢業考結束後放長假，學校提供小筆旅費補助。我覺得若是目的地寫得越遠，通過的可能性越大，於是申請說我想去伊朗。我與另一名學生約翰‧艾爾德（John Elder）一起出發，他去過那裡，也懂波斯語。我們搭火車到伊斯坦堡，然後到土耳其東部亞拉臘山（Mount Ararat）附近的埃爾祖魯姆（Erzurum）。之後，鐵路便

進入蘇聯境內，所以我們得換搭一輛載滿了雞羊家畜的阿拉伯巴士，經過塔布里茲（Tabriz），再到德黑蘭。

在德黑蘭時，約翰和我分道揚鑣，我與另一名學生往南旅行到伊斯法罕（Isfahan）、席拉茲（Shiraz）和波斯波利斯（Persepolis）（古波斯帝國王都，遭到亞歷山大大帝焚城）。接著，我越過中央沙漠，到達馬什哈德（Mashhad）。

回程中，我和同伴秦恩（Richard Chiin）遇到了布印札赫拉（Bou' in-Zahra）七·一級大地震，死亡人數超過一萬二千人。我一定是在震央附近，但是並不知情，因為那時我生病了，正坐在巴士裡顛簸於路上。後來我們回到了塔布里茲，我因為嚴重痢疾和被拋到公車前座導致肋骨斷裂，需要好好休養，不過因為不懂當地語言，好幾天都不曉得發生大災難。直到回抵伊斯坦堡，才明白出了大事。

我寄出一張明信片給父母，他們焦急等待我的音訊已有十天。他們最後聽到的消息是，我在地震當天正好離開德黑蘭往災區出發。

從牛津畢業。

與珍在康河上撐船遊河。

4

Cambridge

劍橋

一九六二年十月，我抵達劍橋大學當研究生。我申請跟霍伊爾（Fred Hoyle）做研究，他是當時英國最有名的天文學家，也是穩態理論的重要捍衛者。我說「天文學家」，是因為當時宇宙學遠非公認的正式學門。我想要在這裡做研究，是因為某年夏天聽了霍伊爾的學生納里卡（Jayant Narlikar）講一門課而受到啟發。然而，霍伊爾的學生已經夠多了，所以我很失望被分給夏瑪

（Dennis Sciama），我根本沒聽過他的名字。

　　但是，這可能是最好的安排。霍伊爾經常不在，我不會得到他太多注意。相較之下，夏瑪一般都在，我可以隨時找他討論。我不同意夏瑪諸多想法，尤其是馬赫（Mach）原理，這是指物體的慣性是由宇宙裡其他所有物質所賦予，不過這反倒激發我拓展自己的想法。

　　當我開始做研究時，有兩個最令人興奮的領域：宇宙學和基本粒子物理。後者非常活躍，是變化快速的領域，吸引絕大部分最優秀的頭腦，而宇宙學和廣義相對論的發展則停滯在一九三○年代。費曼（Richard Feynman）是諾貝爾獎得主與二十世紀最偉大的物理學家之一，他曾經對參加一九六二年華沙舉辦的廣義相對論和重力會議，留下一則饒富趣味的紀錄。在寫給妻子的信件中，他提到：「從這場會議中，我沒有得到什麼，沒有學到什麼。因為沒有實驗，這行死氣沉沉，極少優秀的人參加研究。會議中一大票庸才（一百二十六名），對我的血壓很不好……記得提醒我，下次別再參加任何重力會議。」

　　當然，開始做研究時，我對這些一無所知。不過，

我覺得那時候研究基本粒子太像念植物學了，量子電動力學（研究支配原子化學與結構特性的光電理論）已經在一九四〇和五〇年代全做完了，當時注意力轉移到原子核內粒子之間的強弱核力，但是與電動力學相似的場論似乎未能解釋實驗結果。劍橋學派更是主張沒有基本的場論，一切皆由正則性（unitarity）（即機率守恆）與粒子散射的某些特徵模式所決定。事後看來，當初這套說法會成立還真是令人吃驚，我還記得弱核力統一場論起初也備受嘲笑，結果最後成功了。反之，S矩陣分析研究至今已被完全遺忘，我很高興沒有在劍橋進行基本粒子的研究，否則那個時期的研究將無一倖存。

另一方面，宇宙學和重力都是受到忽略的領域，當時發展時機已臻成熟。不同於基本粒子的研究，宇宙學具有一個明確的理論，即廣義相對論，但被認為是不可思議的困難。人們找到任何愛因斯坦場方程式的解就會高興得不得了，卻不去問該解具有何種物理意義。這就是費曼在華沙遇到的廣義相對論舊學派，諷刺的是，華沙會議也代表廣義相對論復興的分水嶺，只不過當時費曼還看不出來，是情有可原的。

新世代進入這個領域，新的廣義相對論研究中心也

出現了。其中兩處對我尤其重要，一處是德國漢堡由約當（Pascual Jordan）領導的團隊，雖然我從未去過，然而非常欣賞那裡產出的優美論文，與先前廣義相對論亂糟糟的研究形成強烈對比。另一處中心是在倫敦的國王學院，由邦迪（Hermann Bondi）主持。

因為我在聖奧爾本斯學校或牛津只上過很簡單的物理課，並沒有太多數學背景，夏瑪建議我研究天文物理學。但是我已經吃了一次虧，沒能和霍伊爾做研究了，因此絕對不肯再去研究法拉第（Faraday）旋轉這種無聊又遜斃的題目。我是來劍橋做宇宙學的，非得做到宇宙學才甘休。所以，我自修廣義相對論的舊教科書，每週再和夏瑪三名學生一起到倫敦國王學院聽課。當時我能看懂書上的論述和方程式，但還是感到無法真正掌握這個科目。

夏瑪介紹我認識所謂的「惠勒－費曼電動力學」，該理論主張電磁乃時間對稱。然而打開一盞燈時，是宇宙所有其他物質的影響，讓光波從燈泡向外發射，而不是來自於無窮遠，再聚集在燈泡上面。惠勒－費曼電動力學要成立，所有從燈泡發出的光線必須能由宇宙其他

物質吸收，這種情況會發生在物質密度維持一定的穩態
宇宙中，而不會發生在密度會隨宇宙擴張而減低的大
霹靂宇宙中。有人號稱，這正是另一項穩態宇宙的證
據——若是還需要證明的話。

　　這理論被用來解釋時間之箭，即混亂度會隨著時
間增加，以及為何我們只記得過去而非未來的緣由。
一九六三年，在康乃爾大學舉辦了一場惠勒－費曼電動
力學和時間之箭的會議，費曼聽了這些謬論後極為反
感，拒絕列名在大會論文集上，只好標示為「X先生」，
不過每個人都知道那是誰。

　　我發現，霍伊爾和納里卡已經研究出適用於穩態擴
張宇宙的惠勒－費曼電動力學，進一步準備提出符合時
間對稱的新重力理論。一九六四年，霍伊爾在英國皇家
學會一場會議中提出自己的理論。當時我也出席聆聽演
講，提問階段時，我指出穩態宇宙中所有物質的影響，
將會令物質密度變成無限大。霍伊爾質問我理由，我說
自己已經做過計算。大家都誤以為我是一邊聽演講，一
邊在腦海裡做計算，其實是我和納里卡共用一間辦公
室，在出席會議前，我已經先看過論文初稿並做好計算
了。

霍伊爾勃然大怒。他想要籌設自己的研究所，揚言如果沒有拿到錢，就要人才外流到美國。他以為想破壞這個計畫的人士派我來攪局。然而，最後他成立了研究所，也給了我一份工作，顯然並沒有對我懷恨在心。

最後一年在牛津的時候，我發現自己行動越來越笨拙。一次摔下樓梯後，我去看了醫生，但是他只說：「少喝點啤酒吧！」

搬到劍橋後，我變得更加笨拙。聖誕節時，我在聖奧爾本斯的湖上溜冰，結果摔倒了爬不起來。媽媽注意到這些問題，於是帶我去看家庭醫生。他幫我轉診到專科醫師，二十一歲生日剛過，我就進入醫院做檢查。我在醫院躺了兩週，進行各式各樣的檢查，他們從我手臂抽取肌肉細胞，在我身上插入電極，然後注射顯影液體進入脊椎，傾斜病床並用 X 光射線觀察液體上上下下流動。做了一切檢查後，他們並沒有告訴我罹患了什麼疾病，只是說我不是典型的病症，但不是多發性硬化症。不過，我感覺到他們預期情況會變得更糟，除了給我維他命之外無計可施，而且我知道醫生也認為這毫無作用。當時我沒有仔細追問，因為顯然他們能回答的也不

會是好消息。

　　明白自己得了不治之症，幾年內可能會死掉，真是有點震驚。這種事情怎麼會發生在我身上呢？然而我在醫院時，看到對面床上一名才剛認識的男孩死於血癌，場面實在悽慘。顯然，有人情況比我糟糕，至少我沒有太不舒服。每當我自憐自艾時，我就會想起那名男孩。

　　不知道我身上會發生什麼事情，或是病情會多快惡化，令我感到茫然無從。醫生們叫我回去劍橋，繼續做剛起步的廣義相對論和宇宙學研究。但是我幾乎一無進展，因為數學背景不夠強，而且，我可能根本無法活到念完博士，這讓我很難專心，我自覺像個悲劇人物。

　　我沉浸在華格納的音樂中，但是雜誌報導指出我當時有酗酒問題，實在是太誇張了。一旦有一篇報導這樣說，別的報導就會跟進重複一次，只因這是很好的故事，最後每個人都相信白紙黑字，因為三人成虎啊！

　　那時候我經常噩夢連連。在被診斷罹病之前，我的生活一直很無聊，似乎沒有值得做的事情。但是我離開醫院不久後，我夢見自己要被處死了，我突然意識到，若是能暫緩行刑，我可以做許多有意義的事情。另一個

做了好幾次的夢,是夢到自己犧牲生命來拯救他人。畢竟,如果我不管怎樣都得死,還不如做些好事。

　　但是,我並沒有死。雖然烏雲籠罩未來,但是實際上我很驚訝地發現自己很享受人生。扭轉這一切的真正原因,是我與一名叫珍·王爾德(Jane Wilde)的女孩訂婚了。她是我在被診斷出患有漸凍人症(ALS)時遇見的,讓我有理由可以活下去。

　　如果想結婚,我得找份差事,而想要找到差事,首先得完成博士學位。因此,人生頭一次我開始「工作」了。出乎意料的是,我發現自己樂在其中,雖然稱為「工作」可能不盡正確,因為就有人曾經說過,科學家和妓女是靠著做自己愛做的事情來賺錢。

　　念書時為了養活自己,我申請了劍橋大學岡維爾與凱厄斯學院(Gonville and Caius College)的獎學金。由於行動越來越笨拙,寫字或打字對我來說都很困難,我希望珍能幫我打申請書。但是當她來劍橋看我時,手臂卻因骨折打上石膏,我得承認當時只覺得喪氣而沒那麼同情她。不過,斷的是左手,所以她能夠聽我口述寫下申請書,然後我再請別人打字。

在申請書上，我必須列出兩位可以幫忙寫推薦信
的人選。我的導師建議我找邦迪，當時他是倫敦國王學
院的數學教授，也是廣義相對論的專家。我見過他幾
次，他也將我的一篇論文送交英國《皇家學會論文集》
（*Proceedings of the Royal Society*）刊登。一回在劍橋講課後，
我請他幫我寫推薦信，他看著我似乎不太有印象，然後
答應會寫。顯然，他根本不記得我，因為當學校寫信跟
他要推薦信時，他回覆說沒有聽過我。現在有這麼多人
申請大學的研究獎學金，倘若某候選人的推薦人說不認
識，他就沒機會了。但那時候競爭尚未如此白熱化，學
校寫信告訴我推薦人令人尷尬的回應，結果我的導師跑
去找邦迪，讓他好好想起我。於是，邦迪幫我寫了一封
推薦信，可能多有溢美之辭。總之，我拿到了研究獎學
金，自此成為凱厄斯學院的研究員。

這份獎學金意味著我和珍可以結婚了，於是我們
在一九六五年七月結成連理，花一星期的時間在薩福克
（Suffolk）度蜜月，這是我能負擔的上限了。接著，我
們出發到康乃爾大學參加廣義相對論的暑期學校。

這是錯誤之舉。我們借住一處宿舍，裡面住滿有小
孩子很吵鬧的家庭，對新婚燕爾的我們來說相當緊張。

但是就其他方面而言，暑期學校對我非常有用，因為我遇見這行眾多的領導人物。

我們剛結婚時，珍仍是倫敦韋斯特菲爾德學院（Westfield College）的大學生，所以平日她得從劍橋進城到倫敦上課。但是我的病會讓肌肉越來越無力，行走更加困難，所以得找個位置方便的居所，讓我可以自己行動。我請學校幫忙，但是總務長表示學校沒有政策要幫助研究員找房子。因此，我們用自己的名字預訂承租市場裡正在興建的一批新公寓，地點相當方便（多年後我才發現，這些公寓其實是校產，但他們沒有告訴我）。不過，夏天我們從美國返回劍橋時，卻發現公寓還沒蓋好。

總務長做了一個很大的「讓步」，在研究生學舍給我們一個房間。他說：「我們通常一個晚上收取十二先令六便士，不過，因為你們有兩個人住，所以收二十五先令。」我們在那裡只待了三個晚上。後來，我們找到了離系上大約百碼遠的小房子，屬於另一個學院。原本住在裡面的研究員剛搬到郊區的房子，所以將剩餘三個月租期的房子轉租給我們。

在那三個月裡，我們發現同條路上有棟空房子。

一名鄰居聯絡上住在多賽郡（Dorset）的屋主，告訴她有年輕人在找房子，而她的屋子竟然空著，真的是很難看，所以她將房子租給我們。在那裡住了幾年之後，我們想要買下來並且整修一番，便問學校可否貸款。學校調查之後，認為風險太大而拒絕，所以我們最後從別的地方拿到貸款，而我的父母則出錢給我們整修。

當時，凱厄斯學院的情況讓人聯想起斯諾（C. P. Snow）小說中的情景。自從所謂的「平民起義」後，學院學員（fellows）之間出現惡質的對立分裂，許多年輕學員團結在一起，用投票將資深學員趕出辦公室。這裡分成兩派陣營，一方是院長和總務長，另一方是激進的學員，要求學校將富有的資產花更多在學術用途上。結果，激進派利用校長和總務長都未出席的一次校務會議，選出包括我在內的六名學員。

在我第一次出席校務會議時，準備投票選舉校務會議代表。其他新任學員已經被告知應該投票給誰，但我完全不知情，居然把票投給雙方陣營的候選人，結果激進派贏得多數，院長莫特爵士（Sir Nevill Mott）（後來因凝態物理研究獲得諾貝爾獎）憤而辭職。不過，繼任

與珍結婚。

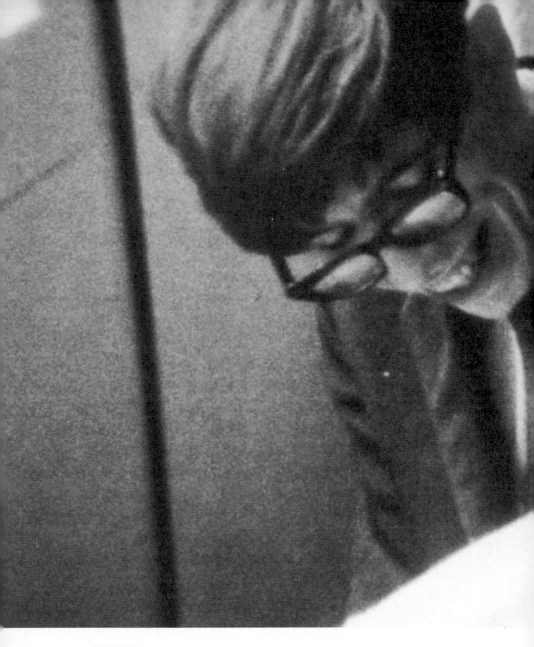

長子羅伯特。

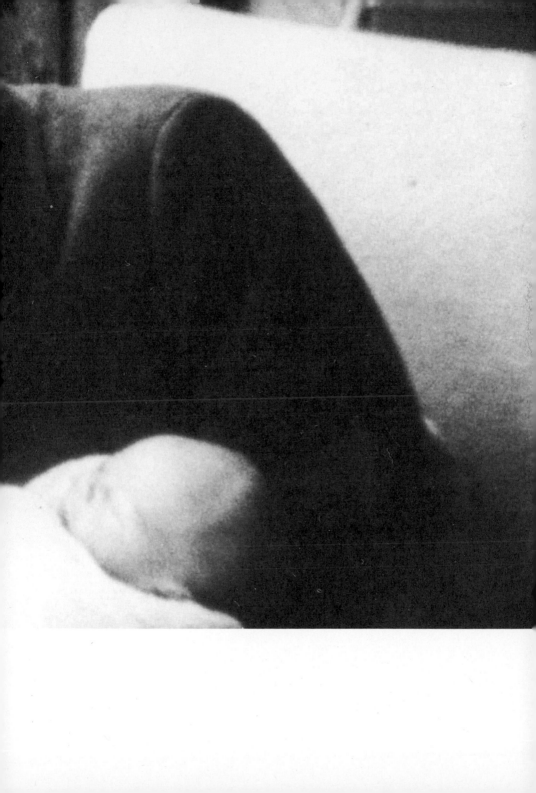

校長李約瑟（Joseph Needham）（多卷中國科學史的作者）積極斡旋，讓學院維持相對的平和。

　　婚後兩年左右，我們第一個孩子羅伯特（Robert）出生了。不久之後，我們帶他到西雅圖參加一場科學會議，這又是一項錯誤。因為殘疾惡化，我無法幫忙照顧寶寶，珍多半要靠自己，害她身心俱疲。西雅圖之後，我們又在美國旅行，讓她疲憊加倍。現在，羅伯特和妻子卡翠娜（Katrina）和兩個小孩喬治（George）和羅絲（Rose）住在西雅圖，看起來那時的經驗並未對他烙下傷痕。

　　大約三年後，我們的第二個孩子露西（Lucy）出生了，這家婦科醫院是由一幢舊英式公社所改建。珍懷孕期間，因為房子擴建，我們得搬出來借住朋友的小木屋，在分娩前幾天才搬回去。

長子羅伯特。

5

Gravitational Waves

重力波

　　一九六九年韋伯（Joseph Weber）報告觀察到間續
的重力波爆發訊號，偵測器是用兩支鋁柱懸吊在真空中
組成。當重力波遇上偵測器時，會讓一個方向（與波前
進方向垂直）的物體伸展，並壓縮另一個方向（與波動
垂直）的物體，使鋁柱以共振頻率（每秒一千六百六十
次）振盪，綁在鋁柱上的晶體就會偵測到此振盪。在
一九七○年初，我到普林斯頓附近拜見韋伯，並參觀他

的儀器設備。在我這個沒經驗的理論家眼中，實驗中規
中矩看不出哪裡有問題，但是韋伯宣稱的結果真是教人
驚訝。強到足以讓韋伯的鋁柱產生振動的重力波，唯一
可能的來源是重恆星崩塌形成黑洞，或是兩個黑洞碰撞
合併。這些來源必須在附近，即我們的銀河系裡面。先
前估計過此類事件大約每世紀一次，但是韋伯聲稱每天
看到一、兩次爆發。如果真是如此，那不用等到銀河系
的生命週期結束，銀河系的質量早就流失殆盡了。

　　回到英格蘭後，我認為韋伯的驚人發現需要獨立驗
證。於是，我與學生吉本斯（Gary Gibbons）撰寫一篇
論文，探討重力波爆發偵測的理論，並提出更為敏感的
偵測器設計。當時，似乎沒有人要建造這樣的偵測器，
所以我們踏出理論學家大膽的一步，向科學研究委員會
申請建造兩具偵測器的經費（因為有噪音和地球振動等
雜訊，所以至少需要兩具偵測器同時測到訊號才行）。
吉本斯從戰後剩餘物資東翻西找，用減壓艙來做真空
室，而我則負責尋找合適的地點。

　　最後，我們和其他對於驗證韋伯說詞有興趣的團
隊，齊聚科學研究委員會開會，地點在倫敦一棟商業大
樓的十三樓（既是科學研究委員會，當然就不能迷信，

他們便宜取得這個樓層）。我們發現已經有人進行類似
的實驗，於是吉本斯和我及時撤回了申請，以免越陷越
深！由於殘疾日益嚴重，讓我沒指望當個實驗家，而且
也很難在實驗這行出人頭地，只能加入大團隊做非常耗
時的實驗。相較之下，理論家可能某天下午就蹦出一個
想法，或是像我上床睡覺前突然靈光一閃；也可以獨立
或是跟一、兩名同事合寫論文，在科學界佔一席之地。

　　自從一九七〇年代，重力波偵測器已經變得更為敏
感。目前偵測器運用雷射測距，精密比較正交兩臂的長
度。美國有兩座 LIGO 偵測器，雖然敏感度比韋伯的儀
器已經高上千萬倍，但是至今仍未偵測到可信的重力波
訊號。我很高興，自己當年繼續留下來做理論家。

6

The Big Bang

大霹靂

　　一九六〇年代早期,宇宙學的大問題是宇宙是否
有個開端。許多科學家本能地反對這種想法,進而反對
大霹靂理論,因為他們覺得一個創造點會是科學失效之
處,必須訴諸宗教及上帝之手,來決定宇宙如何開始。

　　於是出現兩個替代理論,其一是穩態理論,主張
隨著宇宙擴大,會不斷衍生新物質,讓平均密度保持穩
定。然而,穩態理論的基礎向來不強,因為需要負能量

場來創造物質，但這會造成不穩定，容易讓物質與負能量的創造失控。不過，此理論最大的優點是它可做出明確的預測，由觀察進行測試。

到了一九六三年，穩態理論已經遇上大麻煩。卡文迪西實驗中心（Cavendish Laboratory）的萊爾（Martin Ryle）所帶領的天文小組，對微弱的無線電波源進行系統性調查，發現它們相當均勻地分布在天上。這表示波源位於我們的銀河系之外。否則，它們應會集中在銀河平面上。但是電波源數目與電波源強度的關係曲線，並不符合穩態理論的預測：微弱電波源的數量極多，顯示在遙遠的過去，電波源密度比現在高出許多。

霍伊爾等人提出的解釋越來越牽強，最後為穩態理論敲了喪鐘的是一九六五年發現的微弱宇宙背景輻射（就像微波爐中的微波，但是強度低得多，只相當於二‧七度凱氏溫度，比絕對零度稍高一點）。雖然霍伊爾和納里卡極力嘗試，但是這種輻射已無法用穩態理論來解釋。幸好我不是霍伊爾的學生，否則就得一起捍衛穩態理論了。

根據宇宙背景輻射推測，宇宙過去有一個高熱稠密的階段，但這並非證明該階段即宇宙開端。宇宙還是可

能先有個收縮階段，後來又從收縮反彈而開始擴張，在反彈之際，密度雖高但仍維持有限值。這種反彈宇宙就是避免起始點的另一種方法。真相究竟為何？這顯然是一個根本問題，也是我完成博士論文所需要的東西。

重力讓物質吸引在一起，但是旋轉會讓物質分開。所以我的第一個問題是旋轉會不會造成宇宙反彈分開。我與艾力斯（George Ellis）合作，證明如果宇宙在空間上是均勻的（即空間中每點相同），則這個答案是否定的。然而，有兩個俄國人利弗席茲（Evgeny Lifshitz）和哈拉尼科夫（Isaak Khalatnikov）卻聲稱，他們已證明若收縮並非完全對稱，一定會造成反彈分開，隨時都維持有限的密度。這個結果對於馬克思—列寧主義的辯證唯物主義倒是挺方便的，因為避免了宇宙創造的尷尬問題，也成為蘇聯科學家抱持的信條。

利弗席茲和哈拉尼科夫都是老派的廣義相對論學者，他們寫下龐大的方程組，然後試圖猜出一個解。但是，他們不能保證這是不是最一般的解。潘若斯（Roger Penrose）引入一種新方法，不需要清楚解出愛因斯坦的場方程式，只要一些大概的特質，如能量為正或重力為引力等即可。一九六五年一月，潘若斯就這個主題在倫

敦國王學院演講，我沒有出席研討會，但是聽同辦公室的卡特（Brandon Carter）提起。我們的辦公室在劍橋新成立的應用數學和理論物理系（DAMTP）裡，位於銀街（The Silver Street）上。

　　起初，我不明白這有什麼大不了。潘若斯證明的是，當快死的恆星收縮到一定的半徑時，無可避免會出現奇異點，該點的空間和時間會結束。我原本以為，人們早已知道燃料用罄的重恆星會受到自己重力作用而崩塌，直到變成密度無限大的奇異點為止。但事實上是，這個為人熟知的方程式解只適用於**正球體**的恆星，可是真正的恆星不可能是正球體。如果利弗席茲和哈拉尼科夫是對的話，非球狀對稱的成分會隨著恆星塌縮增加，造成恆星不同部分無法碰上，因此避免產生密度無限大的奇異點。但是，潘若斯證明他們錯了：少許偏離球狀對稱，並無法避免奇異點的出現。

　　了解到這一點後，我意識到相似的推論可以運用到宇宙擴張上。在這方面，我可以證明即使擴張宇宙不是完美的球對稱，在時空開始之處仍會有奇異點，所以利弗席茲和哈拉尼科夫又錯了。廣義相對論預測宇宙應該

有個開端，這個結果連教會也注意到了。

　　我和潘若斯原先發展出來的奇異點定理，都需要宇宙具有柯西（Cauchy）曲面的前提，即曲面上的點與每個粒子軌跡相交一次，且僅止一次而已。因此，可能我們第一個奇異點定理僅證明宇宙不具有柯西曲面，這雖然也是有趣的結論，不過其重要性與「時間是否具有開端或結束」當然無法相提並論。因此，我著手證明不需要柯西曲面假設的奇異點定理。

　　接下來五年，潘若斯、葛洛奇（Bob Geroch）和我發展廣義相對論的因果結構理論。這是一種很美妙的感覺，整個領域幾乎完全屬於我們自己，不像是粒子物理，人人爭先恐後要搶新點子，至今仍然如此。

　　我寫了一篇論文，贏得一九六六年劍橋大學亞當斯獎（Adams Prize）。這成為《時空的大尺度結構》（*The Large Scale Structure of Space-Time*）一書的基礎，由我與艾力斯合著，一九七三年劍橋大學出版部發行，至今仍在印行，因為這幾乎是時空因果結構的定論，即時空某個極點可影響其他點的事件。我要提醒一般讀者不要試圖翻閱本書，因為內容高度技術性，而且寫作該書時，我一心想效法純數學家之嚴謹。現在，我更關心的是得到

「正確」結果，而不在拘泥使用「正當」的方法。更何況，要讓量子物理嚴謹化簡直不可能，因為整個領域建築在非常薄弱的數學基礎上。

INTRODUCTION

The idea that the universe is expanding is of recent
origin. All the early cosmologies were essentially
stationary and even Einstein whose theory of relativity is
the basis for almost all modern developments in cosmology,
found it natural to suggest a static model of the universe.
However there is a very grave difficulty associated with a
static model such as Einstein's which is supposed to have
existed for an infinite time. For, if the stars had been r

PROPERTIES OF EXPANDING UNIVERSES — S. W. HAWKING

我的論文終於大功告成。

7

Black Holes

黑洞

　　黑洞的想法可追溯至兩百多年前。一七八三年，劍橋的米歇爾（John Michell）在《倫敦皇家學會哲學會報》（*Philosophical Transactions of the Royal Society of London*）發表論文，指出有「暗星」存在的可能，其質量大且密度高，具有強大的重力讓光線無法逃脫，該類恆星表面發出的光都會受其重力吸引拉回，無法脫逃太遠。

　　米歇爾認為，可能有很多這類的恆星存在。雖然無

法看到它們（因為發出的光無法到達這裡），但是仍然感受得到其重力吸引。這種物體現今稱為「黑洞」，因為它們恰如其名，是空間中黑黑的空洞。幾年之後，另一名法國科學家拉普拉斯（Marquis de Laplace）顯然也獨立提出類似的看法。有趣的是，拉普拉斯只在其著作《世界體系》（The System of the World）的第一、第二版納入此概念，後來幾版都不見蹤影，或許他認為這個想法太瘋狂了。

米歇爾和拉普拉斯都認為光是由粒子組成，像砲彈會受重力影響減慢速度，最後掉回恆星上。但是，這與一八八七年邁克森─莫里（Michelson-Morley）的實驗不合，這場實驗證明光總是以相同的速度行進。直到一九一五年愛因斯坦提出廣義相對論後，才出現一致的理論，解釋重力如何影響光線。一九三九年，歐本海默（Robert Oppenheimer）和兩名學生佛克福（George Volkoff）與斯奈德（Hartland Snyder）運用廣義相對論，證明當恆星的質量高於一定的限制時（與大陽質量差不多），在耗盡本身的核燃料後將無法抵抗重力，因而會發生崩塌並形成黑洞，包含密度無限大的奇異點。雖然這是根據愛因斯坦理論的預測，然而愛因斯坦本人卻從

未接受黑洞的說法，或是物質可以壓縮到無限密度。

　　接著戰爭介入，讓歐本海默轉而研究原子彈。然而戰爭過後，人們對原子物理和核子物理更感興趣，二十多年來重力崩塌和黑洞研究遭到了忽視。

　　人們重燃重力崩塌的興趣，是因為一九六〇年代初期發現了類星體。這種很遙遠的物體是非常緻密的強大可見光和電波源，只能用「物質掉進黑洞」才能解釋，在這麼小的空間區域裡，何以能製造出這麼強的能量。歐本海默的研究重新被發掘，黑洞理論又開始受到重視與探討。

　　一九六七年，以瑟列（Werner Israel）發表一項重要結果。他指出，除非零旋轉恆星的崩塌殘骸為正球體，否則所包含的奇異點將會裸露，也就是說外面的觀察者看得到的意思。這意味著廣義相對論在崩塌恆星的奇異點上會失效，破壞我們預測宇宙其他部分未來情況的能力。

　　起初，大多數人（包括以瑟列自己）都認為，因為真正的恆星並非正球體，所以崩塌時會造成裸露的奇異點，以及預測性的失敗。然而，潘若斯和惠勒（John

Wheeler）提出不同的詮釋：當非旋轉的恆星發生重力崩塌後，剩餘物質會很快變成球狀。他們指出，這就是宇宙審查：自然拘謹有禮，將奇異點藏在黑洞裡，不讓人看見。

我曾經有一張保險桿貼紙，上面寫著「黑洞躲貓貓」，就貼在 DAMTP 辦公室的門上。這惹得系主任很不高興，所以他想辦法讓我獲選為盧卡斯教授，順勢將我換到比較好的辦公室，再親自撕掉那張讓他不舒服的貼紙。

我對黑洞的研究開始於一九七〇年一次的「大澈大悟」，就在我的女兒露西出生幾天之後。當時我正要上床睡覺，突然明白可以將奇異點定理的因果結構理論運用到黑洞上，尤其是視界表面積（黑洞邊界）將會增加，即當兩個黑洞碰撞合併時，最後黑洞的表面積會大於先前兩個黑洞的表面積相加。這項特質，再加上我、卡特和巴丁（Jim Bardeen）發現的其他特質，顯示視界面積似乎可當作黑洞的熵，這量值是用來度量特定黑洞在維持外觀相同的條件下，有多少不同內部狀態可被允許。但是視界面積好像又不可能真的是熵，因為如果黑洞有

熵，就會有溫度，會像熱物體般發光。正如大家所猜想，黑洞應該完全是黑的，不會發出光線或其他東西。

　　這真是一個令人興奮的時期，在一九七二年法國列豪胥（Les Houches）暑期學校達到高潮，我們解決了大部分黑洞理論中的重大問題。特別是羅賓遜（David Robinson）和我證明了無毛定理，主張黑洞最後穩定的狀態只由兩個數字決定，即質量和旋轉。這再度暗示黑洞具有熵，因為許多不同的恆星最終能崩塌成擁有相同質量和旋轉的黑洞。

　　這個理論全都是在有黑洞的觀測證據前發展出來的，證明費曼說要有實驗帶領，研究領域才會活躍的說法並不正確。有一個從來沒能解決的問題是證明宇宙審查假說，雖然許多人嘗試反證都失敗了。不過，這個假說成立對我太重要了，因為我對黑洞的大多數研究都仰賴這個假說。因此我與索恩（Kip Thorne）及培斯坎（John Preskill）對賭這個問題的結果。但是我要贏得賭注很難，要輸卻比較容易，因為只要發現一個裸露的奇異點當反證就行了。事實上，我先前已經輸過類似的賭注，只因我並未仔細斟酌用字。最後，索恩和培斯坎對我賠給他們的 T 恤，有些不太高興呢！

宇宙學幽默第一部：
把這段話印在 T 恤上認賠。

Whereas Stephen Hawking and Kip Thorne firmly believe that information swallowed by a black hole is forever hidden from the outside universe, and can never be revealed even as the black hole evaporates and completely disappears,

And whereas John Preskill firmly believes that a mechanism for the information to be released by the evaporating black hole must and will be found in the correct theory of quantum gravity,

Therefore Preskill offers, and Hawking/Thorne accept, a wager that:

When an initial pure quantum state undergoes gravitational collapse to form a black hole, the final state at the end of black hole evaporation will always be a pure quantum state.

The loser(s) will reward the winner(s) with an encyclopedia of the winner's choice, from which information can be recovered at will.

Stephen W. Hawking & Kip S. Thorne   John P. Preskill

Pasadena, California, 6 February 1997

宇宙學幽默第二部：
與約翰・培斯坎的賭注。

　　我們運用古典廣義相對論是如此成功，一九七三年出版《時空的大尺度結構》之後，我有點兒茫然。潘若斯和我的研究已經顯示，廣義相對論將在奇異點上失效，顯然下一步是結合廣義相對論（大尺度理論）和量子理論（小尺度理論）。我沒有量子理論的背景，而且當時奇異點的問題似乎難以正面迎擊。所以，為了熱身練習，我思考受量子理論支配的粒子和場，在黑洞附近的表現。特別是，我很想知道宇宙早期產生的微小太初黑洞，能否作為原子核組成像原子一樣的物體？

　　要回答這個問題，我研究量子場如何從黑洞散射，我預期是部分入射波被吸收，其餘則被散射出來。但大出乎我意料之外的是，黑洞本身似乎會輻射。起初，我推想肯定是自己計算錯誤了。後來我發現計算出來的輻射量正是將黑洞視界面積等同於熵值所需要的熱輻射量，於是才相信這個結果是對的。這可以下列簡單的公式總結：

$$S = \frac{Ac^3}{4\hbar G}$$

其中 S 是熵，A 是視界面積。這個式子包含三項自

然的基本常數：c 是光速，G 是牛頓的重力常數，$\hbar$ 是普朗克常數；代表重力和熱力學之間，具有前所未知的深奧關係。

黑洞的輻射會帶走能量，讓黑洞失去質量而萎縮，根據理論最終會完全蒸發消失。這提出了一個正中物理核心的問題：根據我的計算，黑洞輻射完全是隨機的熱輻射（若是黑洞的視界面積等於黑洞的熵值，也必須如此），如此的熱輻射怎能攜帶所有關於黑洞生成的訊息呢？而若是訊息遺失了，將會違反量子力學。

這個矛盾已爭論三十年，甚無進展，最近我相信自己已經找到解答：訊息並非遺失，而是無法以有用的方式回收。這有點像是燒掉一本百科全書，若是將所有煙霧灰燼全都保留的話，技術上而言，書中的資訊並未遺失，不過卻很難閱讀。事實上，索恩和我一起與培斯坎就訊息詭論對賭，若是培斯坎賭贏了，我會賠給他一本棒球百科全書，不過或許我送給他灰燼就行了。

在帕薩迪納的家。

8

Caltech

加州理工學院

一九七四年，我被選為英國皇家學會院士。這次獲選震驚了我們系上，因為我太年輕了，又只是卑微的研究助理而已。不過三年內，我便升為教授了。

我當選後，珍變得抑鬱寡歡，覺得我已經達到人生目標，此後要開始走下坡了。當我們的朋友索恩邀請我們和一些研究廣義相對論的學者一起到加州理工學院時，她的憂鬱獲得了紓解。

　　之前四年，我都一直用手動輪椅和一部藍色電動三輪車，速度相當於慢速自行車，有時我也會偷偷違規載人。到達加州後，我們住在加州理工學院的一棟殖民式建築，就在校園附近。我頭一回使用電動輪椅，帶來相當程度的獨立性，尤其是比起英國，美國的建築物和人行道對於殘障人士方便許多。我還讓一名研究生同住，他幫忙照顧我的生活起居和用餐，交換食宿和我在學術上更多的指點。

　　當時，我們的兩個小孩羅伯特和露西都非常喜愛加州。他們上的學校很怕學生被綁架，所以不能用一般的方式，到校門口接小孩放學。而是必須開車繞著街道，輪流到校門口，再用擴音器呼叫小朋友，我從沒見過類似的情況。

　　我們的房子裡有一台彩色電視機。在英國，我們只有黑白電視機，而且不太管用，所以我們在美國看了許多電視，尤其是英國電視影集，像《樓上樓下》（*Upstairs, Downstairs*）和《人類的進化》（*The Ascent of Man*）等。當我得知自己獲得宗座科學院（Pontifical Academy of Science）頒發的庇護十一世獎章（Pius XI Medal）時，我們才剛看完《人類的進化》中的一集：伽利略遭梵蒂

岡審判定罪，被判終生軟禁。起初我覺得應該拒領此獎，但後來我不得不承認，梵蒂岡最後的確已改變對伽利略的看法，所以我飛回英國與父母會合，由他們陪同我到羅馬領獎。在參觀梵蒂岡時，我特別要求要瀏覽圖書館有關伽利略受審的紀錄。

在頒獎儀式上，教宗保祿六世（Paul VI）從聖座上走下來，蹲在我身旁。儀式結束後，我遇見了狄拉克（Paul Dirac），他是量子理論的創始人之一。雖然他是劍橋大學的教授，但我從來沒有和他說過話，因為那時我對量子並不感興趣。他告訴我，原本是提名另一位候選人，但最後認為我比較好，所以叫科學院頒獎給我。

當時，加州理工學院物理系有兩大明星，即諾貝爾獎得主費曼和蓋爾曼（Murray Gell-Mann），兩人是競爭死敵。蓋爾曼主持每週研討會，第一堂課他說道：「我將重複去年給過的一些演講。」費曼馬上起身就走，蓋爾曼接著說：「現在那個人走了，我可以說真正想說的東西了。」

當時是粒子物理的黃金時期。史丹佛大學才剛發現「魅」粒子，確認了蓋爾曼的理論，也就是質子和中子

珍、露西、羅伯特和我在帕薩迪納的家居照。

都是由三個更基本的粒子夸克所組成。

在加州理工學院時，我與索恩打賭雙星系統天鵝座 X-1 並未含有黑洞。天鵝座 X-1 是 X 射線源，其中一顆正常的星球外層不斷流失氣體，為另一個看不見的緻密伴星提供物質。當物質往伴星掉落時，會形成螺旋運動而產生高熱，發出 X 射線。我希望賭輸，因為我在黑洞上已投注無窮的精力與腦力。但如果黑洞真的不存在，至少我可以贏得四年的《私家偵探》（Private Eye）雜誌作為安慰。另一方面，假若索恩贏了，他能拿到一年份的《閣樓》（Penthouse）雜誌。在立下賭約後，一年來黑洞存在的證據變得越來越確切，我承認賭輸了，賠給索恩一年份的《閣樓》雜誌，惹得他太太很不高興。

在加州理工學院時，我與一名研究生佩吉（Don Page）合作。佩吉在阿拉斯加一個村莊出生長大，父母都是老師，他們三人是村裡唯一的非因努特人（Non-Inuits，即愛斯基摩人）。他是福音派基督徒，後來到劍橋跟我們住在一起時，極力說服我信教。他習慣在早餐念聖經故事給我聽，但是我跟他說，之前在馬略卡島時，我對聖經已經相當熟悉，而且我父親以前也會念聖經給我聽（他不是信徒，但是認為詹姆士國王欽定英譯

版的聖經具有重要的文化意義）。

　　佩吉和我研究是否可以觀察得到我所預測的黑洞
輻射。然而，質量大小如太陽的黑洞，其輻射溫度不過
是百萬分之一凱氏溫度，勉強在絕對溫度之上而已，會
被二‧七度凱氏溫度的宇宙背景輻射所掩蓋。不過，或
許有大霹靂遺留下來的超小黑洞，例如質量為一座山的
原始黑洞，其發射出的伽瑪射線現今應該已經接近生命
週期的尾聲。我們在伽瑪射線背景中尋找這類輻射的證
據，但是未見任何跡象。我們最後根據觀測定出這種質
量的黑洞數量密度的上限，由於它們過於稀少，出現在
我們附近而被看見的機率十分渺茫。

老三提姆命名禮後全家合影。

9

Marriage

婚姻

　　一九七五年從加州理工學院回來時，我們知道房子裡面的樓梯對我來說已經變得太難了。那時候學校比較重視我，讓我們搬到學校一棟維多利亞式的大房子，住在一樓公寓（現在房子已經拆除，改建學生宿舍並以我命名）。公寓坐擁花園，學校還派園丁照顧，這對小孩很好。

　　初回英國時，我覺得心情低落，一切都顯得狹隘侷

促，不像美國「凡事都行」的風氣。當時，四處都是荷蘭榆樹病造成的枯枝落葉殘敗之象，全國又因罷工潮而受挫停擺。然而，看到我的研究成功了，我心情又振奮起來，並且在一九七九年獲選為盧卡斯數學講座教授，以前牛頓和狄拉克都曾經擔任過。

　　一九七九年完成科西嘉島暑期學校講學的旅程後，我們的第三個孩子提姆（Tim）也誕生了。此後，珍變得更加悶悶不樂，擔心我即將不久人世，希望我走後有人會娶她，給她和孩子們依靠。她遇到了喬納森・瓊斯（Jonathan Jones），他是音樂家，在教會裡演奏管風琴。珍給他公寓裡一個房間，我原本應該要反對的，但是也認為自己恐怕會早死，一旦走了之後，總得有人幫忙照顧孩子。

　　我的情況持續惡化，其中一項症狀是嗆咳發作越來越長。一九八五年到訪瑞士CERN（歐洲核子研究中心）時，我染上肺炎，被緊急送到市區醫院，裝上呼吸器。醫生們認為我已無力回天，建議關掉呼吸器讓我好好走掉，但是珍斷然拒絕，用空中救護機將我送回劍橋的艾登布魯克醫院（Addenbrooke's Hospital）。那裡的醫生努力讓我回復原狀，但最後不得不進行氣切手術。

　　氣切手術之前，我說話已經含糊不清，只有相當熟識的人，才聽得懂我說的話，但至少我能夠溝通。我以口述給祕書來撰寫論文，研討會則是透過翻譯，將我的話清楚重複一遍。然而，氣切手術把我說話的能力也一併拿掉了。有一陣子，我唯一能溝通的方式是逐字拼出每個字，請人指著拼字卡，遇到正確的字母時，我就揚起眉毛。這樣子很難進行對話，更不用說寫論文了。幸而，加州有位電腦專家華托茲（Walt Woltosz）聽說我的處境，送來他編寫的電腦程式「等化器」（Equalizer），讓我可以按手中的開關，在螢幕上一串選項上選字。我現在用他的另一套程式「文字＋」（Words Plus），靠臉頰抽動讓眼鏡上的感應器來接收，當我準備好想說的話時，就送到語音合成器。

　　起初，我是在桌上型電腦跑「等化器」程式，後來劍橋精益通訊公司（Cambridge Adaptive Communication）的梅森（David Mason），將一台小型個人電腦和語音合成器安裝在我的輪椅上。現在我的電腦都是由英特爾提供，這套系統讓我比之前更好溝通，每分鐘可以拼三個字。我可以將寫好的東西說出來，或是存在磁碟上，然後印出來，或是叫出來逐句念出。利

用這套系統，我完成了七本著作與許多學術或公眾演講，這些都獲得了好評，我想泰半要歸功於由「語音＋」（Speech Plus）開發的語音合成器。

一個人的聲音非常重要。若是口齒不清，別人很可能把你當弱智。這套語音合成器是目前為止我聽過最好的，因為有不同的音調變化，說話不像是《超時空博士》（*Doctor Who*）這部電視影集中的德利克人（Daleks）。後來，「語音＋」公司倒閉，語音合成器程式遺失。我現在擁有最後三套合成器，雖然笨重耗電且晶片老舊無法更換，但是我認同這份聲音，也成為我的註冊商標，我不會換成聽起來更自然的聲音，除非三個合成器都壞掉了。

離開醫院時，我需要全職看護。一開始，我覺得自己的科學生涯已經結束，只能留在家裡看看電視。不過，我很快發現自己可以繼續科學研究，用「Latex」的程式來寫數學方程式，運用一般字碼就可以寫出數學符號，例如 $\$\backslash pi\$=\pi$。

然而，我越來越不滿珍與喬納森越走越近。最後，在忍無可忍的情況下，一九九〇年我與護士伊蓮·梅森（Elaine Mason）離家，搬到一處公寓。

　　我們發現這間小公寓對於我們和伊蓮的兩個兒子來說太小了，他們每週有部分時間與我們同住，所以又決定搬家。一九八七年一場暴風雨將紐恩漢（Newnham）女子學院的屋頂吹壞（那時所有男校都已開放招收女性，我所屬的凱厄斯學院保守人士居多，撐到最後才開放，因為從學生考試的成績顯示，除非也招收女性，否則招不到好的男生申請入學）。因為紐恩漢學院經費捉襟見肘，必須賣掉四塊地來支付修理屋頂的費用。我們買了其中一塊地，蓋了一棟方便輪椅進出的房子。

　　一九九五年，伊蓮和我結婚。九個月後，珍和喬納森‧瓊斯也結婚了。

　　我和伊蓮的婚姻充滿激情又波濤洶湧，我們有高潮低潮，但是身為護士的伊蓮，好幾次救了我的性命。氣切手術之後，我的氣管裡安置一條塑膠導管並用充氣套環固定，防止食物和口水進入肺部。多年下來，套環擠傷了我的氣管，讓我容易咳嗽嗆到。有一次我從克里特島開會搭機回來，在飛機上咳得特別厲害，恰好有一名外科醫生霍華德（David Howard）同班機，他告訴伊蓮他可以幫助我，建議做咽喉切開術將氣管和喉嚨完全分開，也不再需要導管和套環了。劍橋艾登布魯克醫院的

與伊蓮的婚禮。

伊蓮與我。

醫生表示風險太大，但伊蓮堅持，所以由霍華德親自在
倫敦一間醫院為我動手術。這個手術救了我的命：因為
再遲個兩週，套環就會在我的喉嚨和氣管之間磨破一個
洞，讓我的肺部流滿血液。

　　幾年之後，我又遇到健康危機，睡覺時氧氣含量
過低非常危險。我被緊急送到醫院，在那裡度過了四個
月，最後出院時戴著呼吸器離開，晚上睡覺時使用。醫
生告訴伊蓮，我只能回家等死（此後我就換了醫生）。
兩年前，我開始每天二十四小時使用呼吸器，我覺得它
為我帶來能量。

　　事後一年，我被找去幫忙劍橋大學建校八百週年的
募款活動。他們把我派去舊金山，我一連六天趕了五場
演講，疲憊至極。一天早上，當我的呼吸器被拿掉時，
立刻昏了過去，值班護士以為我沒事，幸好另一名看護
機警請來伊蓮，她把我救醒了，不然我已一命歸天。一
而再、再而三的危機讓伊蓮難以承受，二〇〇七年我們
離婚，此後我便跟一名管家獨居至今。

與伊蓮造訪科羅拉多州亞斯本。

10
My Brief History of Time

《時間簡史》

　　我第一次有寫宇宙科普讀物的想法，大約是在一九八二年。有部分原因是為了付女兒的學費（後來，等到這本書真正上市時，她已經是在校最後一年）。不過，更主要的原因是我想要說明，科學家對於宇宙的了解已經有多大的進展，我們已經多麼接近找到一個完整的理論，來描述宇宙的一切。

　　既然要花費時間和精力來寫一本書，我希望越多

人看越好。我之前出版的學術讀物，是由劍橋大學出版部出版。出版部做得很好，但是我並不認為它真的觸及我想要的大眾市場。因此，我接觸一名文學經紀人薩克曼（Al Zuckerman），是同事介紹他的連襟給我認識。我給他第一章初稿，說明我想要做成機場書店販售的書籍，他看了稿子後說根本不可能，或許賣給學者和學生還比較容易，但是像這樣的一本書是無法企及暢銷作家傑弗里‧亞徹（Jeffrey Archer）之流。

一九八四年，我給薩克曼本書首份初稿。他寄給幾家出版社，建議我接受諾頓（Norton）的提案，這是美國一間相當高檔的出版公司。不過，我決定選擇班坦圖書（Bantam Books），這家出版社走向較為大眾市場，雖然不是專門出版科學類書籍，但是他們出版的書在機場書店還算是常見的。

班坦圖書對這本書感興趣，可能是由於編輯古查迪（Peter Guzzardi）的緣故。他對這份工作相當認真，要求我全部重寫，讓像他一樣的科學門外漢也都能看得懂。每一次我將改寫的章節寄給他，他就會回寄一長串的批評和疑問，希望我能闡述清楚。有時候，我覺得這簡直是沒完沒了，但最後證明他是對的，這本書確實有

脫胎換骨之感。

　　寫書期間，因為我在 CERN 感染肺炎而差點中斷。本來不太可能完成，幸好獲得一份電腦程式幫助。這套程式有點兒慢，不過我也跟著慢慢琢磨，所以特別適合我。有了這程式後，在古查迪的督促下，我幾乎將初稿重寫一遍，學生惠特（Brian Whitt）則幫忙修改。

　　我對於布魯諾斯基（Jacob Bronowski）的電視影集《人類的進化》，一直都有非常深刻的印象（不過原文使用「man」這種性別歧視的名稱，今日是不宜使用了）。這部影集給我們一種感覺：人類從野蠻人進步至今，只花了一萬五千年。我想要傳達類似的感覺：人類對於宇宙支配法則正邁向完整的了解。我敢肯定，幾乎每個人對於宇宙運作之道都會感興趣，但是大多數人看不懂數學式子，我自己也不太喜歡式子，部分原因是我很難寫出式子，但主要原因是我對式子缺乏直覺，而是習慣以圖像思考。《時間簡史》（A Brief History of Time）的目標便是用文字來描述我的心理圖像，配合熟悉的譬喻和圖解來幫忙理解。希望透過這種方式，讓大多數人能夠分享過去五十年來物理學驚人進展所帶來的興奮和成就感。

　　不過，即使避免使用數學，有些想法還是難以解釋。這裡出現一個問題：我應該冒著會讓大家混淆的風險而嘗試解釋，或者應該掩飾其中的艱澀困難呢？其實，有些陌生的概念對於我想提出的圖像並不重要，例如以不同速度運動的觀察者，對於同樣兩事件發生的時間間隔，會測量到不同的數字等。我覺得像這種概念只要帶過，不需要深入解釋。但是還有其他艱深的概念，對於我想要涵蓋的東西是必要的。

　　我覺得，有兩種概念尤其必須包括在內。其一是所謂的歷史總和論，指宇宙不只具有單一歷史，而是具有所有可能歷史的總和，這些歷史都是一樣「真實」（暫且不究真實之意義為何）。另一個概念稱為「虛數時間」，對於以數學來表達歷史總和論之意義是必要的。現在我覺得當初應該更努力解釋這兩個十分困難的概念才對，尤其是虛數時間，似乎是《時間簡史》中大家最常碰到問題的一部分。然而，實際上並不需要了解虛數時間到底為何，只要知道不同於平日所說的「真實時間」即可。

　　在《時間簡史》即將出版前，有一位科學家收到預

印版，準備為《自然》（Nature）雜誌撰寫書評。他大
為吃驚，因為整本書錯誤連篇，照片圖表放錯又標錯。
他致電班坦圖書，出版社同樣震驚不已，決定將所有印
刷全部召回作廢（我猜原版書現今可能價值不菲）。班
坦圖書連忙花了三個星期趕工，將整本書重新校對更
正，終於趕上四月一日愚人節出版上市。那時候，《時
代》（Time）雜誌已經對我撰文介紹。

即便如此，班坦圖書還是對《時間簡史》的大暢
銷大吃一驚。這本書高居《紐約時報》暢銷書排行榜
一百四十七週，在倫敦《泰晤士報》暢銷書排行榜更是
破紀錄達二百三十七週，被翻譯成四十種語言，全球銷
售超過一千萬本。

我原本為這本書訂的標題是《從大霹靂到黑洞：時
間短史》，但古查迪看過之後，將「short」改成「brief」，
變成了《時間簡史》，這真是畫龍點睛之舉，肯定對這
本書的成功大有貢獻。自此之後，有數不清的「簡史」
出現，甚至有「百里香簡史」呢！模仿真是最誠摯的讚
美了。

至於為什麼這麼多人買書呢？我很難維持客觀，
所以我想就引用別人的說法。我發現，絕大部分書評雖

然都是給予好評，但卻講得矇矓不清。他們往往遵循一個公式：史蒂芬·霍金患有盧伽雷氏症（Lou Gehrig's disease，美國書評用詞）或運動神經元疾病（英國書評用詞）。他被困在輪椅上，無法說話，只能移動 X 根手指（X 從一到三都有，視書評者引用哪篇不正確的文章而定）。然而，他寫這本書探尋一個最大的問題：我們從哪裡來？我們要去哪裡？霍金提出的答案是宇宙既不是被創造，也不會被消滅，宇宙就是如此。為了表述這個想法，霍金引進虛數時間的概念，我（即書評者）覺得有點難懂。不過，如果霍金是正確的，當找到完整的統一理論時，我們可能會真正明白上帝的心意。（在最後校樣階段，我幾乎刪去了這本書最後一句話：「我們可能會明白上帝的心意。」若這麼做的話，恐怕銷售會減半吧。）

我覺得，有一份相當「慧心獨具」的觀察，是出自倫敦《獨立報》（*The Independent*）的一篇文章。評論者提到即使像《時間簡史》這般嚴肅的科學作品，也能夠變成一本潮書。我真是受寵若驚，自己的書竟然能與《禪與摩托車維修藝術》（*Zen and the Art of Motorcycle Maintenance*）相提並論。我希望這本書像《禪與摩托車

維修藝術》一樣，讓人們覺得沒有被排除在偉大的知識
和哲學問題之外。

　　毫無疑問地，我如何克服障礙，成為一名理論物理
學家的人性面故事也有幫助。但從這個出發點買書的人
們，可能會大失所望，因為我只有一兩筆帶過自己的病
情而已。這本書主旨在講宇宙的歷史，不是我的歷史。
然而，還是有人批評班坦圖書公司無恥地消費我的殘
疾，也對於我縱容自己的照片登上封面頗有微言。事實
上，合約裡我對於封面沒有掌控權，不過我的確設法說
服出版商在英國版上用一張比較好的照片，不像美國版
那張可憐又過時的照片。然而，班坦圖書公司不肯更換
美國版的封面，他們堅持說美國大眾已經認同封面和書
本了。

　　也有人認為，許多人購買這本書是放在書櫃或咖啡
桌上，而不是真的去看。我相信有這種事，說不定其他
更嚴肅的書籍情況也都差不多。不過，我相信至少有些
人真的翻過，因為每天我都會收到一堆信，許多人提出
的問題或仔細的評論顯示他們已經看過書，儘管不能完
全明白。我在路上也會遇到陌生人，告訴我有多麼喜歡
這本書。我接受大家恭賀的頻率（當然我雖不見得比多

數作者傑出，至少在外型上比較突出），似乎證明了至
少有一部分買書的人確實看過。

　　自從《時間簡史》後，我又出版了其他大眾科
普讀物，包括《黑洞與新生宇宙》（*Black Holes and
Baby Universes*）、《胡桃裡的宇宙》（*The Universe in a
Nutshell*）和《大設計》（*The Grand Design*）等。我覺得
大家對於科學擁有基本的認知很重要，才能在越來越科
學和技術的世界裡做周全的決定。女兒露西和我也完成
一系列「喬治」的書籍，這是給兒童看的科學冒險故事，
而他們正是未來的主人翁。

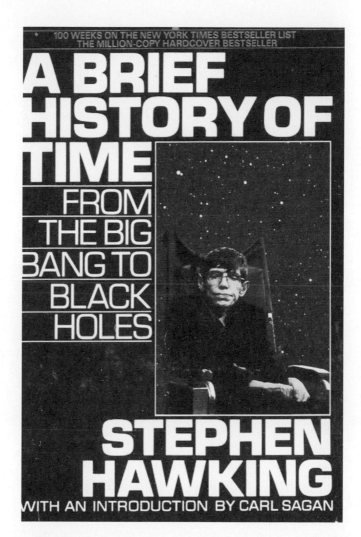

《時間簡史》早期封面之一。

11

Time Travel

時間旅行

　　一九九〇年，索恩提出或許有可能經由蟲洞旅行回到過去。因此，我認為值得一探時間旅行是否為物理法則所允許。

　　公開討論時間旅行如履薄冰，有幾點原因。首先，若媒體發現政府資助時間旅行的研究，可能會群起譁然，抨擊浪費公帑，或是要求將研究列為機密，以供軍事用途。畢竟如果俄羅斯或中國先有時間旅行，而西方

國家沒有的話，該如何自保呢？他們可能會把史達林和
毛澤東同志弄回來呢！在物理圈裡，只有我們少數幾個
勇夫，膽敢研究這種有人認為既不正經又政治不正確的
題目。所以我們使用科學術語來掩飾，例如「封閉的粒
子歷史」，作為時間旅行的代碼。

　　一六八九年，牛頓第一次提出時間的科學描述，當
時他和我先前一樣，坐擁劍橋盧卡斯講座的位置（雖然
當時該座並非電動座椅）。在牛頓的理論中，時間乃絕
對且一直向前，一去不回。不過後來情況改變了，愛因
斯坦提出廣義相對論，指時空會受到宇宙中物質和能量
而彎曲，雖然局部的時間仍會增加，但是時空可能彎曲
到製造出一條路徑，讓我們回到出發之前。

　　其中一個可能性是蟲洞，這種假設的時空管道或
許可以連接不同時間和空間的區域，讓你從蟲洞一端踏
進去，然後從另一端不同時間和空間的蟲洞踏出來。若
是蟲洞存在的話，用來做快速的太空旅行將會很理想，
或許可以穿越蟲洞到銀河系的另一邊，然後趕回來吃晚
餐。不過，若是有蟲洞存在的話，也可以用蟲洞回到出
發之前，這樣或許有人會想，若是回到過去，把發射台

的太空船炸掉，就可以阻止自己出發了。這是所謂「祖
父詭論」的變化版：假若你回到過去，在自己父親受精
前殺了祖父，那會怎樣呢？你如今會存在嗎？如果不會
的話，你也不可能回到過去殺害祖父了。當然，唯有相
信自己擁有「自由意志」，回到過去時可以隨心所欲竄
改歷史，才會存在這個詭論。

　　真正的問題在於物理法則是否允許蟲洞和時空彎
曲，讓一個鉅觀物體（如太空船）回到自己的過去。根
據愛因斯坦的理論，太空船必然以低於局部光速的速度
行進，並且在時空中遵循所謂的「類時路徑」。因此，
以科學行話提出的問題是：時空是否允許封閉類時曲線
呢？也就是說，是否有能夠一再回到起點的類時迴圈
嗎？

　　我們可以從三個層次來回答這個問題。首先是愛
因斯坦的廣義相對論，這是所謂的古典理論，假定宇宙
具有個明確的歷史，沒有任何不確定性。根據古典廣義
相對論，對於時間旅行可能的方式，具有相當完整的圖
像。然而，我們知道古典廣義相對論並不完全正確，因
為觀察到宇宙中的物質會有波動變化，無法精準預測行
為。

　　一九二○年代，量子理論成為物理新典範，成功描述波動起伏並將不確定性量化。這是一種準古典理論，我們可以就這第二個層次提出時間旅行的問題。量子論是在古典的時空背景下來處理量子物質場，雖然這圖像並不完整，但至少可以在量子層面探討時間旅行問題。

　　最後，是完全結合以上兩者的量子重力理論——不管其真義為何。在這個層次上，我們甚至不清楚如何提出「時間旅行可能嗎？」的問題。也許最多只能探究無窮遠處的觀察者需不需要用時空內部的時間旅行來解釋所見現象。

　　首先，古典理論主張平坦的空間並不包含類時迴圈，而早期所知的所有愛因斯坦方程式解也都是如此。因此，當一九四九年哥德爾（Kurt Gödel）發現一個解，顯示一個充滿旋轉物質的宇宙，每個點都有類時曲線通過時，對於愛因斯坦本人造成極大的震撼。哥德爾的解需要宇宙常數存在，而現在已知它真的存在。雖然，後來發現其他並不需要宇宙常數的解也容許類時迴圈。

　　有一個特別有趣的例子是兩條以高速運動的宇宙弦交錯越過彼此。正如其名，宇宙弦是有長度但截面積極

小的物體，有些基本粒子理論預測其存在，一條宇宙弦
附近的重力場是個平坦的空間，不過繞著弦的圓形當中
的一塊扇形被切去，空間重新黏接。因此若沿著宇宙弦
繞圈圈，其空間距離會少於預期的圓周長，而時間則不
受影響，這意味著在宇宙弦附近的時空並不含封閉的類
時曲線。

　　但是，如果有第二條宇宙弦相對於第一條宇宙弦運
動，切除的扇形空間會同時縮短空間距離和時間間隔。
如果兩條宇宙弦以接近光速進行相對運動，那麼繞行兩
條宇宙弦所節省下來的時間，會超過整趟旅行所需要的
時間。換句話說，這會形成一個類時迴圈讓人可以回到
過去。

　　宇宙弦的時空包含具有正能量密度的物質，因此在
物理上是合理的。然而，產生的類時迴圈不但一直延伸
到無限未來，而且也延伸到無限的過去。因此，時空一
存在就必須包含時間迴圈。我們沒有理由相信自己的宇
宙是以這種彎曲的方式創造出來，也沒有可靠的證據顯
示有來自未來的訪客。（當然，這裡排除了陰謀論的說
法，他們主張 UFO 來自於未來，政府知情並試圖掩蓋。
不過，政府掩飾的紀錄向來不怎麼高明）。因此，我們

與潘若斯（上排正中）和索恩（下排左一）等人合影。

與潘若斯及其妻子凡妮莎合影。

應該假設在某特定時間 S 之前，不存在任何的類時迴圈。

接下來的問題是，有沒有先進文明可以建造一部時間機器，也就是說，可以修改 S 未來的時空，讓類時迴圈出現在有限的區域呢？我說「有限的區域」，是因為無論一個文明有多麼先進，應該都只能掌控宇宙有限的部分。

在科學上，找到正確表述問題的方法通常是解決問題的關鍵，這裡就是一個好例子。為了探尋「有限的時間機器」是什麼意思，我回頭看自己早期的一些研究。我將 S 未來的柯西發展定義為：可由 S 時間發生的所有事件所決定的所有未來時空點。換句話說，從 S 出發所有低於光速之軌跡能抵達的時空區域。然而，如果先進的文明設法建造一部時間機器，將會有個類時迴圈 C 通往 S 的未來。C 可以在 S 的未來繞個圈，但是不會回去與 S 相交。這意味著 C 不屬於 S 的柯西發展，因此 S 將會有一個柯西視界，這個面是 S 柯西發展的未來邊界。

柯西視界也發生在一些黑洞的解或反德西特空間（anti-de Sitter space）裡。然而，在這些情況下，形成

柯西視界的光線開始於無窮遠或奇異點。要創造這種柯西視界，時空彎曲必須延伸至無窮遠，或者是要有時空的奇異點。要將時空彎曲到無窮遠，已經超過最最先進文明的能力，最多只能在有限的區域裡彎曲時空。先進的文明可能集合足夠的物質造成重力崩塌，產生一個時空的奇異點（至少根據古典廣義相對論的主張）。但是，愛因斯坦方程式在奇異點無法定義，也無法預測柯西視界之外的事情，尤其是封閉類時曲線存在與否的問題。

因此，應該以我所稱「有限生成的柯西視界」，作為時間機器的標準。這種柯西視界是由緻密區域發出的光線所形成，換句話說，並不是來自於無窮遠或奇異點，而是源自於含有封閉類時曲線的有限區域，是我們假定先進文明能夠創造的那種區域。

以此定義作為時間機器的標準具有一項優點，可以利用潘若斯和我發展出來研究奇異點和黑洞的因果結構機制。即使不用愛因斯坦方程式，我也能夠證明在一般情況下有限生成的柯西視界，將會包含封閉的光線，也就是一再回到相同一點的光線。再者，當光線每次回來時，會發生越來越多的藍移，讓影像變得越來越藍，光線也越發無法聚焦，使光的能量無法聚攏而避免變得無

窮大。然而，藍移意味著一個光子將只具有一個有限的歷史（以它的時間單位定義），即便在有限的區域一再來回，且未撞上彎曲的奇異點。

　　一個光子是否在有限的時間裡完成自己的歷史或許無關緊要。但是，我也能夠證明，低於光速運動的路徑也可能具有有限歷史，這些可能是被困在柯西視界之前有限區域的觀察者眼中的歷史，每回都會越繞越快，直到在有限的時間裡到達光速。

　　所以，若是有一位外星佳麗在飛碟裡邀請你踏入她的時間機器，請特別小心，可能會掉落陷阱裡，不斷重複一段有限的歷史。

　　我說過，這些結果還未使用愛因斯坦方程式，而是廣義考慮有限區域的時空扭曲能否產生類時迴圈的結論。然而，我們可以進一步問：先進文明需要用到哪種物質，才能將時空彎曲到建造出尺度有限的時間機器呢？這時間機器是否能像宇宙弦一樣處處都具有正能量密度呢？有人可能會想，可以用有限宇宙弦迴圈來建造有限的時間機器，讓隨處都具備正能量密度。對不起，想要回到過去的人可能要失望了，處處都是正能量密度

的時間機器是不可能的事。我證明要建造有限的時間機器，必須具備負能量。

在古典理論中，所有合理的物理場都須遵守弱能量條件，這是指對於任何觀察者而言，能量密度皆大於或等於零，因此有限規模的時間機器被排除在純古典理論之外。然而，在準古典理論中以古典時空背景來思考量子場，情況就不同了。量子理論的測不準原理意味著場必定有波動起伏，即使是在「真空」中。這些量子波動造成能量密度變得無窮，因此必須將無窮的量減去，才能獲得觀察到的有限能量密度，否則，能量密度會將時空彎曲到成為一個點。相減結果可能讓能量預期值在局部區域出現負值。即使是在平坦的空間，也可以發現能量密度局部負值的量子態——雖然能量總和為正。

有人可能會懷疑，這種量子負能量值是否真的會讓時空以我們所想像的方式彎曲。但是，以下論證似乎證明這一點。量子理論的測不準原理允許粒子和輻射從黑洞洩漏出來，這讓黑洞失去質量，因此會慢慢蒸發。若是要讓黑洞的視界縮小，視界的能量密度必須為負值，並將時空彎曲，讓光線偏離彼此。如果能量密度總是為正，時空彎曲會讓光線朝向彼此，那麼黑洞視界的面積

只會隨著時間增加。

　　黑洞的蒸發顯示，物質的量子能量動量張量有時可以讓時空朝著建造時光機器所需的方向彎曲。因而或許可以想像，某個極為先進的文明能夠讓能量密度的期望值安排到所需的負值，建造鉅觀物體適用的時間機器。

　　但黑洞的視界與時間機器的視界有一個重要區別，後者含有封閉的光線迴圈。這會讓能量密度為無窮，意味著一個人或一艘太空船試圖跨越視界進到時間機器裡時，將會被輻射引爆而慘遭毀滅，這可能是自然發出的警告，千萬不要企圖染指過去。

　　所以，時間旅行的未來是一片漆黑，或者我應該說是眩目白熾？然而，能量動量張量的期望值取決於背景場的量子態，有人可能會猜測，或許有視界能量密度有限的量子態，而這類例子已為人所知。如何達成這種量子態，或是物體穿越視界時能否保持穩定等，我們都不知道。不過，這或許在先進文明的能力所及範圍內。

　　這個問題應該是物理學家能夠自由討論，而不會遭受嘲笑或譏諷之事。縱使最後的結果為時間旅行是不可能之事，重點是我們了解**為何**不可能。

　　對於完全量子化的重力理論，我們所知有限。然

而，可以預期的是，它與準古典理論的差別，僅在於普朗克長度（10^{-33} 公分）以下才會表現出來。時空背景裡的量子波動或許可以創造蟲洞，在微觀尺度上進行時間旅行，然而根據廣義相對論，鉅觀物體是無法返回過去的。

即使今後發現不同的理論，我不認為時間旅行會有可能。如果可能的話，我們此刻早已被未來的觀光客淹了。

12

Imaginary Time

虛數時間

　　我們在加州理工學院的時候，曾經到訪加州大學聖塔芭芭拉分校，沿海岸往北開兩個小時即可抵達。我和朋友與合作者哈特爾（Jim Hartle）研究一種新的方式，計算粒子如何從黑洞裡發射出來，將粒子從黑洞逃脫的所有可能路徑加總在一起。我們發現，粒子從黑洞裡發射出來的可能性，與粒子掉進黑洞的可能性相關，這就像是熱物體發射和吸收光子的機率具相關性一樣。這再

度顯示，黑洞表現似乎具有溫度和熵，並與其視界區成正比。

　　我們的計算運用到「虛數時間」的概念，可視為與一般真實時間呈垂直方向的時間。回到劍橋後，我與兩名之前的研究生吉本斯和佩里（Malcolm Perry）進一步研究這個想法，用虛數時間取代了普通時間，這稱為歐幾里得法，使時間變成空間的第四個方向。起初，這個方法遇到了重重反對，不過現在已普遍被當成是研究量子重力的最佳辦法。黑洞時間在歐氏空間很平順均勻，不包含讓物理方程式失效的奇異點，解決我和潘若斯提出奇異點定理「預測性會因為奇異點而失效」的根本問題。使用歐幾里得法讓我們得以了解深層的理由，為什麼黑洞表現得像熱物體且具有熵。吉本斯和我也指出，加速擴張的宇宙將會表現出像黑洞般的有效溫度。當時我們覺得永遠不會觀察到此種溫度，但是十四年之後其意義已經彰顯。

　　我主要都在研究黑洞，但因為暴脹理論的提出，又重燃對宇宙學的興趣。暴脹理論主張，早期宇宙經歷過一段暴脹擴張的時期，宇宙大小加速增長，一如商品價

格之上漲。一九八二年，我用歐幾里得法發現這種宇宙
會變得些微不均勻，俄羅斯科學家莫罕諾夫（Viatcheslav
Mukhanov）大約在同一時間也獲得類似結果，只是西
方世界要到後來才知道這點。

　　這些不均勻可視為是暴脹宇宙中等效溫度的熱波動
所造成，這等效溫度正是我和吉本斯在八年前所發現，
後來也有幾個人做出相似的預測。我在劍橋舉辦一個研
討會，這行所有主要的專家都參加了，我們在會議中建
立了現今對暴脹的大致圖像，包括最重要的密度波動，
這造就了星系生成，以及我們的存在。

　　十年後，宇宙背景探測衛星（COBE）真的發現微
波背景輻射在不同方向，因背景密度波動造成的差異。
所以在重力研究上，理論又再一次跑到實驗前頭。這
些波動後來由威爾金森微波各向異性探測器（WMAP,
Wilkinson Microwave Anisotropy Probe ）和普朗克衛星所
證實，發現與預測完全吻合。

　　原本的暴脹說主張，宇宙從大霹靂奇異點開始，隨
著宇宙擴張，依某種方式進入暴脹狀態。我認為這不是
理想的解釋，因為前面已討論過，所有方程式會在奇異
點失效，但是除非有人知道初始奇異點中會出來什麼，

否則無法計算宇宙會如何發展，宇宙學將不具任何預測能力。我們需要的是沒有奇異點的時空，像是利用虛數時間的歐幾里得版黑洞。

　　在劍橋研討會之後，我到剛成立的聖塔芭芭拉加大理論物理研究所過暑假。我和哈特爾將歐幾里得法應用到宇宙學上。根據歐幾里得法，宇宙的量子行為可用虛數時間裡某類歷史的費曼總和得知。因為虛數時間表現有如空間中的另一個方向，虛數時間的歷史可能是像地球表面的封閉表面，沒有開端或結束。

　　哈特爾和我認定，這是最自然的選擇，事實上也是唯一自然的選擇。我們提出「無邊界假說」，主張宇宙的邊界條件為封閉而無邊界。根據無邊界假說，宇宙的開端有如地球南極，緯度充當虛數時間。宇宙從南極此點開始，往北方移動時，代表宇宙大小的緯度圈會擴張。問宇宙開始之前發生什麼事，就變成毫無意義的問題，因為南極往南什麼都沒有。

　　時間就像緯度一樣，在南極似乎有個開端，但其實南極就像地球上任何點一樣，相同的自然法則在南極和其他地方都成立。採用這種看法，可除去長久以來對於

宇宙具有開端的反對意見。相反地，我們顯示宇宙最初
也同樣受到科學法則的支配。當我們將時間化作空間中
的一個方向後，便化解了時間具有開端之說的科學和哲
學難題。

　　無邊界條件意味著宇宙是從無到有，自發創造出
來。一開始，無邊界假說似乎未預測足夠的膨脹，不過
後來我明白，發生某特定狀態的機率必須受該狀態之體
積加權，這舒緩了這項困難。最近，我、哈特爾和前任
學生赫托格（Thomas Hertog）發現，暴脹宇宙和負曲
率空間之間具有二元性，讓我們可用新方式提出無邊界
假說，並充分利用這領域的大量數學技巧。此無邊界假
說預測宇宙開始時幾近完全平滑，但有微小起伏。這些
起伏隨宇宙擴張而增加，導致星系、恆星以及宇宙所有
結構組織（包括生物在內）的形成。無邊界條件是宇宙
創生的關鍵，以及我們現今在此的原因。

與佩吉（上排左一）、索恩（下排左三）、哈特爾（下排右一）等人合影。

參觀北京天壇。

13

No Boundaries

無邊界的人生

　　二十一歲罹患漸凍人症時，我覺得太不公平了。為什麼這種事會發生在我身上？當時，我覺得人生已經完了，永遠無法實現自己的潛力。但是如今過了五十年，我覺得人生平靜滿足。我結過兩次婚，擁有三名漂亮有成就的小孩。我的科學生涯一直很成功，我認為大多數物理學家會同意我對黑洞量子輻射的預測是正確的，雖然太難用實驗證明，至今還未幫我贏得諾貝爾獎。不

主持二〇一二年殘障奧運會。

與女兒露西會見英國女王伊麗莎白二世。

過，我已贏得更珍貴的「基礎物理獎」，這是頒給重大
的理論發現，儘管尚未獲得實驗證明。

　　身體不便對我的科學研究，向來不是太嚴重的阻
礙。事實上在某些方面，我認為這是一項資產，因為我
不用上課或教導大學部學生，也不用坐在繁瑣耗時的各
項委員會中，能全心全意投入自己的研究。

　　對同事來說，我只是一名物理學家，但是對大眾來
說，我卻可能是全世界最家喻戶曉的科學家。部分原因
是除了愛因斯坦之外，科學家一向都不是出盡鋒頭的搖
滾明星，部分原因是我符合了折翼天才的刻板形象。我
無法藉由假髮和墨鏡偽裝自己，因為輪椅會馬上讓我洩
露身分。

　　出名好認具有優缺點。缺點是我很難從事一般日
常的事情，像是靜靜購物不會被人群包圍，索取合照。
另外一個缺點，是過去記者對我的私生活有著過分的興
趣。不過壞處敵不過好處，大家似乎真心喜悅見到我，
二〇一二年我主持倫敦殘障奧運會時，有幸享有人生最
多一次的觀眾。

　　我的人生充實滿足。我認為，殘障人士應該專心去
做殘疾無礙之事，而不是懊惱無力可為之事。就我的情

況而言，我盡量做到所有想做的事情。我到處旅行，去過蘇聯七次，第一次我與一個學生團體同行，其中一人是浸信會教徒，他希望分送俄文聖經，要求我們挾帶闖關。我們偷渡進去未被發現，但是離開時被捉到了，遭到當局留滯。然而，若是以走私聖經起訴我們，恐怕會造成國際事件與負面宣傳，所以幾個小時後就放我們走了。其他六次到蘇聯，是為了探訪當時不准到西方旅行的科學家，當一九九〇年蘇聯解體後，許多最優秀的科學家離開前往西方，此後我就未到過俄羅斯了。

我還參觀了日本六次與中國三次，並到過南極洲在內的每大洲，除了澳洲之外。我會見南韓、中國、印度、愛爾蘭、智利和美國總統，我在北京人民大會堂和美國白宮發表演講。我坐過潛水艇到海底、搭乘熱氣球升空，也嘗試零重力飛行，甚至預訂了維珍銀河公司（Virgin Galactic）的太空旅行。

早期我的研究指出，古典廣義相對論在大霹靂奇異點和黑洞會失效。後來的研究則顯示，量子理論如何預測時間開始與結束發生的事情。能夠生在這個時代研究理論物理是很輝煌的一件事。若是能對人類認識宇宙有一點貢獻，我會覺得快活無比。

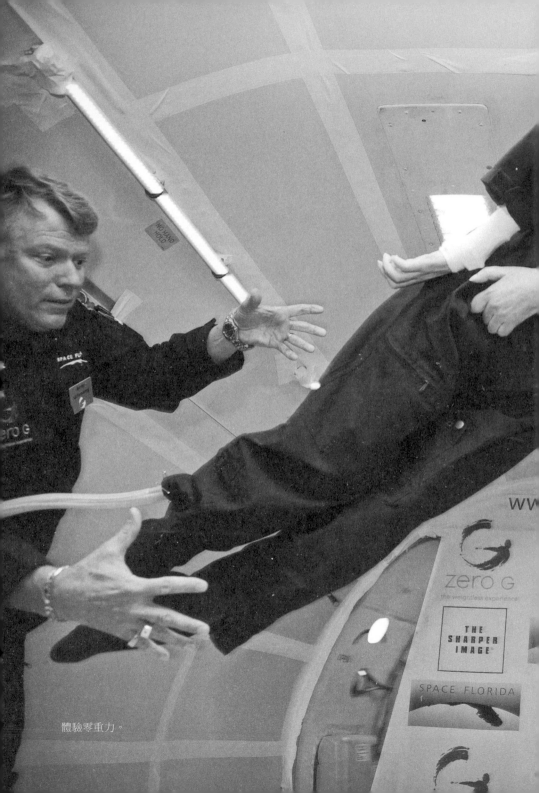
體驗零重力。

圖片來源

瑪麗‧霍金（Mary Hawking）提供：
pages 8, 10, 14, 15, 17, 20, 26, 28, 35, 42, and 48
史蒂芬‧霍金（Stephen Hawking）提供：
16, 34, 36, 39, 61, 76, 91, 99, 102, 112, 118, 119, 121, and 139
美國國家文書暨檔案總署
（National Archives and Records Administration）：page 22
Herts Advertiser：page 46
Gillman & Soame: pages 48, 52, 54, 56
Suzanne McClenahan: page 62
Lafayette Photography: page 74
John McClenahan: page 79
加州理工學院檔案室：pages 106 and 108
Bernard Carr: pages 138 and 152
Judith Croasdell: page 156
Zhang Chao Wu: page 154
Alpha/Globe Photos, Inc.: page 158
Steve Boxall: page 162

霍金其他作品 · 大塊文化出版

圖解時間簡史
The Illustrated A Brief History of Time

全新授權圖解擴充新版
霍金最具代表性的科普暢銷巨作

新時間簡史
A Briefer History of Time

更簡潔 · 更易讀
天文學最新進展與發現

胡桃裡的宇宙
The Universe in a Nutshell

獲得世界科普書最高成就亞文提斯獎
獲選 2002 年聯合報讀書人最佳書獎
獲選 2001 年博客來網路書店年度十大好書獎
獲第二屆吳大猷科學普及著作獎銀籤獎

大設計
The Grand Design

霍金十年首見卓越巨著
為生命終極問題提供最新答案

國家圖書館出版品預行編目（CIP）資料

我的人生簡史／Stephen Hawking 著；
郭兆林，周念縈譯．－初版．
－臺北市：大塊文化，2014 · 02
面；　公分·－（from；98）

譯自：My Brief History
ISBN 978-986-213-512-9（精裝）

1·霍金（Hawking, Stephen, 1942-）2·傳記

784.18　　　　　　　　　102027947